第4回びわ湖検定

問題と解答

目 次

第5回びわ湖検定の試験概要・・・・・・・・・・2
第4回びわ湖検定の試験結果・・・・・・・・・・6
3級　問題と解答　80問・・・・・・・・・・・7
2級　問題と解答　100問・・・・・・・・・・33
1級　問題と解答　50問・・・・・・・・・・61

凡例
- 本書では、「琵琶湖」と漢字表記になっている固有名詞を除き、「びわ湖」と平仮名での表記に統一しました。
- 人名・地名などの固有名詞の漢字表記や読み仮名は、一般的に適用しているものを採用しましたが、別の表記が存在する場合もあります。
- 問題文中にあった「今年」「昨年」などの語には、続くカッコ内にいつのことかを注記しました。
- 市町名は、第4回試験が行われた2012年1月時点のものです。

第5回びわ湖検定の試験概要

- 試験日時　平成24年（2012）12月2日（日）午前9:30〜
- 試験場所　立命館大学びわこ・くさつキャンパス、
　　　　　　滋賀県庁、滋賀県立大学、今津サンブリッジホテル
- 試験実施　1級、2級、3級(1級については、準1級判定を行います）
- 申込期間　平成24年8月8日（水）〜 10月15日（月）　消印有効

- 出題内容　滋賀の自然環境、歴史・文化、観光・物産くらしなどについて
- 受験資格　学歴、年齢、性別、国籍等の制限はありません。
　　　　　　（但し、言語は日本語による対応のみです。）
　　　　　　1級受験は、2級合格者に限ります。

出題レベル、合格基準、受験料

級	出題数	レベル・内容	合格基準	受験料
3級	80問以内	● 基礎的な知識レベル ● 公式テキストの中から7割以上を出題 ● 公式セミナーから1割程度を出題	● マークシート択一方式で **70％以上の正解** で合格 ● スタンプラリーで最大20％加点	2,000円
2級	100問以内	● やや高度な知識レベル ● 公式テキストの中から7割以上を出題 ● 公式セミナーから1割程度を出題	● マークシート択一方式で **80％以上の正解** で合格 ● スタンプラリーで最大20％加点	3,500円
1級	60問以内	● 高度な知識レベル ● 公式テキスト、公式セミナーに準拠して出題 ●「滋賀の環境2012※」にも一部準拠して出題 ※滋賀県環境政策課より9月発行予定	● 択一式および記述式で **80％以上の正解** で1級合格 （スタンプラリーの加点はありません）	5,000円
		新基準：準1級判定	● 上記の問題で **60％以上の正解** の場合 準1級合格	

びわ湖検定とは

びわ湖検定は、滋賀に関する知識を問う検定試験です。
滋賀は、日本中心部に位置し、びわ湖をはじめ自然環境に恵まれ、古来、歴史や文化の舞台になってきた豊かな風土を持っています。検定を通して滋賀のよさを発見し、興味を持って各地を訪れていただくとともに、滋賀の魅力を発信し、ひいては地域で活躍する人材育成を目的とします。

合格者向け特典

施設利用割引等
美術館、博物館、寺社仏閣、観光施設、船、道の駅、体験施設等の協力施設における合格者向けのサービス・利用割引等があります。
1級合格者は、成安造形大学付属近江学研究所主催「近江学フォーラム」の2013年度年会費無料枠（5名）の他、合格発表後3ヶ月間、琵琶湖汽船のミシガンクルーズ及び竹生島クルーズが乗船料無料となります。

合格証と合格バッジ
2級・3級合格者に合格証カードを、1級・準1級合格者には、合格証カード（プラスチック製）を、1級合格者に合格バッジを進呈。

申込書の入手方法

①ホームページからダウンロード
8月8日より検定ホームページからダウンロードできます。
URL: http://www.ohmi.or.jp/kentei/

②滋賀県内の公共施設等にて入手
8月8日より
滋賀県内の図書館、公民館、観光施設、銀行、書店、JTBなど協力施設にて配布します。

③郵送にて入手
80円切手を貼付し返信先の住所宛名を記載した返信用封筒を、「びわ湖検定申込書請求」と郵送封筒の表に朱書して、びわ湖検定実行委員会事務局宛にお送り頂ければ、申込書を同封して返送します。
送り先
〒520-0051 滋賀県大津市梅林1-3-24 オー・エックス大津ビル1階
びわ湖検定実行委員会　事務局　㈱JTB西日本大津支店内

スタンプラリーの実施

実施期間 　平成 24 年 8 月 8 日（水）～ 10 月 14 日（日）

滋賀の魅力を再発見してもらうため、知識を問うだけでなく、各地を訪れていただき、実際に見聞きしたり、体験するきっかけづくりとして、県内の博物館・美術館、寺社仏閣、観光施設等の協力を得て、スタンプラリーを実施します。（ただし、試験点数への加算は、2級・3級のみとなります。）

県内のスタンプラリー施設は、実施案内・受験申込書に掲載しています。又は、検定ホームページでもご覧いただけます。

スタンプラリー施設の目印は、左のミニのぼりが目印です。

「5回開催記念」過去受験者様への特典（2級・3級受験者限定）

過去びわ湖検定を受検された方へ、第5回受験特典として、試験点数を5点付与いたします。受験申込書へ受験回を明記ください。
試験点数付与は、2級・3級受験者に限らせていただきます。

セミナーの開催

実施日時	10 月 20 日（土）第 1 講座 13:00～14:30　第 2 講座 15:00～16:30 10 月 28 日（日）第 3 講座 13:00～14:30　第 4 講座 15:00～16:30
会　場	滋賀県庁　滋賀県大津市京町 4-1-1
定　員	各講座 200 名（先着順）
受講料	1 講座あたり 1,000 円（当日会場にてお支払いください。）
開催方法	公式テキストに準拠して、4 テーマごとに 1 講座、計 4 回開催 近江の歴史と文化、滋賀の環境他。

「滋賀の環境 2012」は、滋賀県ホームページからダウンロードできます。
詳細は、検定ホームページにてお知らせいたします。

セミナー申込受付期間　　平成 24 年 10 月 15 日（月）まで
申込方法　①氏名②連絡先（FAX 又は e-mail アドレス）、受講希望講座を記して、FAX 又は、e-mail にて下記事務局までお申し込みください。
びわ湖検定実行委員会　事務局宛
FAX:077-522-2941　　e-mail:biwako.kentei@west.jtb.jp

公式テキスト

2冊が書店で発売されています。

「びわ湖検定公式問題解説集」
http://www.sunrise-pub.co.jp/isbn978-4-88325-351-7/

「続・びわ湖検定公式問題解説集」
http://www.sunrise-pub.co.jp/isbn978-4-88325-390-6/

編集・発行：びわ湖検定実行委員会
発売：サンライズ出版／A5版・120ページ
定価：各1,260円（税込）

問題と解答も発行されています。

「第1回びわ湖検定 問題と解答」
3級80問・2級100問

「第2回びわ湖検定 問題と解答」
3級80問・2級100問・1級56問

「第3回びわ湖検定 問題と解答」
3級80問・3級100問・1級53問
http://www.sunrise-pub.co.jp/isbn978-4-88325-396-8/

編集・発行：びわ湖検定実行委員会
発売：サンライズ出版／A5版
定価：各630円（税込）

お問い合わせ先

びわ湖検定実行委員会　事務局　㈱JTB西日本大津支店内
〒520-0051 滋賀県大津市梅林1-3-24　オー・エックス大津ビル1階
TEL 077-522-9258　FAX 077-522-2941
営業時間：9:30～17:30　定休：土日祝／年末年始
e-mail:biwako.kentei@west.jtb.jp
URL:http://www.ohmi.or.jp/kentei/

第4回びわ湖検定の試験結果

平成 24 年 1 月 29 日実施

1．試験の結果

①合格率

級	受験者数	合格者数	合格率
1 級	64 人	10 人	15.63%
2 級	316 人	219 人	69.30%
3 級	637 人	490 人	76.92%
合 計	1,017 人	719 人	70.70%

申込者数	受験率
70 人	91.43%
336 人	94.05%
682 人	93.40%
1,088 人	93.47%

②得点状況の内訳

級	最高得点	最低得点	平均得点	受験者数	得点が合格基準以上	総得点が合格基準以上
1 級	86.00	19.50	59.73	64 人	10 人 (15.63%)	10 人 (15.63%)
2 級	99.00	24.00	71.08	316 人	120 人 (37.97%)	219 人 (69.30%)
3 級	98.75	31.25	69.83	637 人	345 人 (54.16%)	490 人 (76.92%)

※得点は、100 点満点に換算。合格基準は 1 級 80 点、2 級 80 点、3 級 70 点。
※2 級 3 級の総得点は試験点数とスタンプラリー得点の合計。

■年代別合格率

年代	1級 受験	1級 合格	1級 合格率	2級 受験	2級 合格	2級 合格率	3級 受験	3級 合格	3級 合格率
10 歳未満	0	0	---	0	0		2	1	50.0%
10 歳代	0	0	---	3	2	66.7%	12	8	66.7%
20 歳代	3	0	0.0%	34	13	38.2%	155	101	65.2%
30 歳代	3	1	33.3%	71	46	64.8%	141	110	78.0%
40 歳代	6	0	0.0%	72	51	70.8%	171	141	82.5%
50 歳代	12	2	16.7%	58	43	74.1%	93	78	83.9%
60 歳代	23	5	21.7%	60	51	85.0%	26	25	96.2%
70 歳以上	17	2	11.8%	12	10	83.3%	9	9	100%
不明	0	0	---	6	3	50.0%	28	17	60.7%
合計	64	10	15.6%	336	219	69.3%	637	490	76.9%

2．スタンプラリーの結果

参加者とスタンプラリーの平均得点と得点分布図

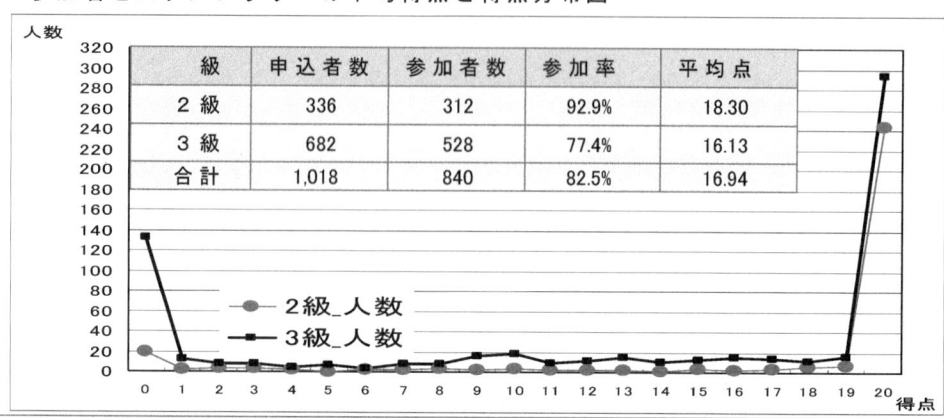

級	申込者数	参加者数	参加率	平均点
2 級	336	312	92.9%	18.30
3 級	682	528	77.4%	16.13
合計	1,018	840	82.5%	16.94

３級

問題と解答　８０問

1 次の文の（　）にあてはまる最も適当なものを①〜④の中から選べ。

「琵琶湖線」とは、JR西日本東海道本線京都駅から米原駅間と、北陸本線米原駅から（　　）間の愛称である。

①長浜駅　　②近江塩津駅　　③彦根駅　　④田村駅

2 次の文の答えとして最も適当なものを①〜④の中から選べ。

びわ湖の面積は県土の約何分の1を占めるか。

①6分の1　　②5分の1　　③4分の1　　④3分の1

☞　解答と解説の参照先は、次ページ下にあります。

3 次の文の答えとして最も適当なものを①~④の中から選べ。

滋賀県に直接接していない県は、次のうちどれか。
① 福井県　　②岐阜県　　③三重県　　④奈良県

4 次の文の答えとして最も適当なものを①~④の中から選べ。

東近江市の永源寺周辺が有名な滋賀県の県木は次のうちどれか。
①桜　　②松　　③つつじ　　④もみじ

5 次の文の答えとして最も適当なものを①~④の中から選べ。

県内で最も標高が高い位置にある池は次のうちどれか。
①小女郎ケ池　　②三島池　　③乙女ケ池　　④もみじ池

6 次の文の答えとして最も適当なものを①~④の中から選べ。

滋賀の最高峰である伊吹山の標高は何mか。

① 1,214 m　　② 1,247 m　　③ 1,317 m　　④ 1,377 m

7 次の文の答えとして最も適当なものを①~④の中から選べ。

昔のびわ湖は現在の場所よりも、どの付近で誕生したと言われているか。
①北方の敦賀市　　②東方の大垣市
③西方の京都市　　④南方の伊賀市

| 前ページの解答 |

1　①
　　『びわ湖検定公式問題解説集』　☞　P.90
2　①
　　『びわ湖検定公式問題解説集』　☞　P.17・100

8 次の文の答えとして最も適当なものを①〜④の中から選べ。
びわ湖の湖岸線の総延長は、大津市からどの市への距離にほぼ等しいか。
① 神戸市　② 広島市　③ 浜松市　④ 名古屋市

9 次の文の答えとして最も適当なものを①〜④の中から選べ。
びわ湖の最も深いところは、水深何mか。
① 50m　② 70m　③ 100m　④ 130m

10 次の文の答えとして最も適当なものを①〜④の中から選べ。
びわ湖の固有種の中で、最も種の数が多いのは次のうちどれか。
① 魚類　② 貝類　③ 昆虫類　④ 爬虫類

11 次の文の答えとして最も適当なものを①〜④の中から選べ。
びわ湖には四つの島があるが、人が居住している島は次のうちどれか。
① 竹生島　② 沖島　③ 多景島　④ 沖の白石

| 前ページの解答 |

3　④
　　『びわ湖検定公式問題解説集』 ☞ P.6
　　滋賀県が隣接する府県は、岐阜県・福井県・京都府・三重県の四つです。
4　④
　　『びわ湖検定公式問題解説集』 ☞ P.73
5　①
　　『続・びわ湖検定公式問題解説集』 ☞ P.48
6　④
　　『びわ湖検定公式問題解説集』 ☞ P.17
7　④
　　『びわ湖検定公式問題解説集』 ☞ P.14

12 次の文の答えとして最も適当なものを①〜④の中から選べ。
根来健一郎氏によって1954年に命名された、びわ湖の固有種であるプランクトンは次のうちどれか。

① ビワクンショウモ　　　② ホシガタケイソウ
③ ビワツボカムリ　　　　④ コメツブケイソウ

13 次の文の答えとして最も適当なものを①〜④の中から選べ。
びわ湖水系の固有種でない魚は次のうちどれか。

① ワタカ　　② イサザ　　③ ギンブナ　　④ ビワマス

14 次の文の答えとして最も適当なものを①〜④の中から選べ。
びわ湖で大きな問題となっている外来魚のオオクチバスとブルーギルのうち、びわ湖に先に侵入してきたのはブルーギルであるが、遅れてやってきたオオクチバスが爆発的に増え、湖内の魚の世界を一変させたのは何年代か。

① 1960年代　　② 1970年代
③ 1980年代　　④ 1990年代

前ページの解答

8　③
　　『びわ湖検定公式問題解説集』 ☞ P.67
9　③
　　『びわ湖検定公式問題解説集』 ☞ P.6
10　②
　　『びわ湖検定公式問題解説集』 ☞ P.24
11　②
　　『びわ湖検定公式問題解説集』 ☞ P.66

15 次の文の答えとして最も適当なものを①〜④の中から選べ。
びわ湖で増えすぎて問題になっている外来魚のブルーギルがびわ湖で初めて確認されたのはいつか。
①1930年　　②1968年　　③1983年　　④1990年

16 次の文の答えとして最も適当なものを①〜④の中から選べ。
びわ湖から流出している川は次のうちどれか。
①瀬田川　　②野洲川　　③姉川　　④日野川

17 次の文の答えとして最も適当なものを①〜④の中から選べ。
長浜の旧市街地を縫うように流れ、桃山時代には長浜城の堀としても利用されていた川は、次のうちどれか。
①知内川　　②家棟川　　③芹川　　④米川

18 次の文の答えとして最も適当なものを①〜④の中から選べ。
県内で唯一、特別豪雪地帯に指定される地域はどこか。
①旧余呉町　　②旧木之本町　　③旧西浅井町　　④旧今津町

前ページの解答

12　①
　　『びわ湖検定公式問題解説集』☞ P.25
13　③
　　『びわ湖検定公式問題解説集』☞ P.28
14　③
　　『びわ湖検定公式問題解説集』☞ P.33

19 次の文の答えとして最も適当なものを①〜④の中から選べ。
びわ湖に吹く北西の強い局地風で、天台宗寺院の法要「法華八講」の時期に吹き、これが吹かないと「春がこない」と言われているのは、次のうちどれか。
①三井寺おろし　　②湖陸風　　　③比良八荒　　　④ゲリラ風

20 次の文の答えとして最も適当なものを①〜④の中から選べ。
一年を通じてほぼ水面下で生活している沈水植物は、びわ湖に20種類生育しているが、その中で外来種でないものは次のうちどれか。
①コカナダモ　　②ハゴロモモ（別名：フサジュンサイ）
③クロモ　　　　④オオカナダモ

21 次の文の答えとして最も適当なものを①〜④の中から選べ。
びわ湖在来の水生動植物の中で種数の最も多いグループは次のうちどれか。
①魚類　　　②昆虫類　　　③貝類　　　④水草類

前ページの解答

15	②
	『びわ湖検定公式問題解説集』 ☞ P.33
16	①
	『びわ湖検定公式問題解説集』 ☞ P.18
17	④
	『続・びわ湖検定公式問題解説集』 ☞ P.9
18	①
	『続・びわ湖検定公式問題解説集』 ☞ P.15

22 次の文の答えとして最も適当なものを①〜④の中から選べ。

(蒲生郡)日野町の鎌掛谷に約2万本自生し、国の天然記念物に指定されている植物は次のうちどれか。

①シャクナゲ　　②ツツジ　　③ヤブツバキ　　④ヤマユリ

23 次の文の答えとして最も適当なものを①〜④の中から選べ。

彦根城の堀で飼育されているコブハクチョウの特徴は次のうちどれか。
①冬に雄の目の周りが黒くなる
②夏羽の首に襟巻き状のオレンジ色の飾り羽
③くちばしの黄色部分が多く先端がとがっている
④オレンジ色のくちばしに黒いこぶ

24 次の文の答えとして最も適当なものを①〜④の中から選べ。

江戸時代に明かり取りのため樹木の根が掘り起こされ、その結果森林が失われ、はげ山になったといわれているが、その樹木の名は次のうちどれか。

①シイ　　②カシ　　③マツ　　④スギ

| 前ページの解答 |

19　③
　　『続・びわ湖検定公式問題解説集』☞ P.14
20　③
　　コカナダモとハゴロモモは北アメリカ原産、オオカナダモは南アメリカ原産の水草である。
21　②
　　『びわ湖検定公式問題解説集』☞ P.24

25 次の文の答えとして最も適当なものを①～④の中から選べ。

古くは「都鳥」とも呼ばれ、平安時代の歌物語である『伊勢物語』にも登場する冬にびわ湖と京都を毎日のように往復する鳥は次のうちどれか。

①コハクチョウ　　②カルガモ　　③カイツブリ　　④ユリカモメ

26 次の文の答えとして最も適当なものを①～④の中から選べ。

江戸時代中期に、武具、武器の製造に携わっていた職人が平和産業として仏壇製造に転向したのが始まりとされている彦根仏壇の製造過程は、何と呼ばれる分業制になっているか。

①五職　　②六職　　③七職　　④八職

27 次の文の答えとして最も適当なものを①～④の中から選べ。

湖北地域の冬の味覚、ウナギをすき焼き風に調理した料理を地元では次のうち何と呼ぶか。

①ウナギのじゅうじゅう　　②ウナギのじゅんじゅん
③ウナギのじゃんじゃん　　④ウナギのしゅんしゅん

前ページの解答

22　①
　　『びわ湖検定公式問題解説集』☞ P.73
23　④
　　『続・びわ湖検定公式問題解説集』☞ P.25
24　③
　　『びわ湖検定公式問題解説集』☞ P.96
　　田上山系は、奈良時代からの乱伐で、江戸後期にははげ山になっていたというのが、一つの原因であったといわれている。

28 次の文の答えとして最も適当なものを①〜④の中から選べ。
東近江市のエコプラザ『菜の花館』ではバイオディーゼル燃料精製プラント、油を搾るプラント以外に何をするプラントがあるか。

①籾殻を燃やして炭化　　②外来魚を肥料に

③プラスチックをリサイクル　　④ガラスから燃料ペレットをリサイクル

29 次の文の答えとして最も適当なものを①〜④の中から選べ。
琵琶湖の水は水道用水としては南は大阪府岬町、西は何市まで広く利用されているか。

①神戸　　②西宮　　③尼崎　　④宝塚

30 次の文の（　）にあてはまる最も適当なものを①〜④の中から選べ。
「琵琶湖の富栄養化の防止に関する条例」が制定されると、有リン合成洗剤の使用が禁止された為、旧伊吹町から（　）北東部にかけての硬水地域では、家庭用軟水器が各戸に設置された。

①長浜市　　②旧米原町　　③多賀町　　④彦根市

	前ページの解答	
25	④	
	『びわ湖検定公式問題解説集』 ☞ P.31	
26	③	
	『びわ湖検定公式問題解説集』 ☞ P.86	
27	②	
	『びわ湖検定公式問題解説集』 ☞ P.81	

31 次の文の（　）にあてはまる最も適当なものを①〜④の中から選べ。

滋賀県内での石けん運動を推進するために1978年に結成され、2008年にその30年の歴史に幕を下ろした通称「びわ湖会議」の設立当初の正式名称は、「びわ湖を守る（　　）県民運動」県連絡会議である。

① 合成洗剤追放　　　② 粉石けん使用推進
③ 水質保全　　　　　④ 水環境保全

32 次の文の答えとして最も適当なものを①〜④の中から選べ。

琵琶湖の水温成層が形成されている間での状況で誤りのあるのは次のうちどれか。

① 上層では硝酸性窒素が減少　　② 下層では硝酸性窒素が蓄積
③ 上層では溶存酸素が増加　　　④ 下層では溶存酸素が減少

33 次の文の答えとして最も適当なものを①〜④の中から選べ。

滋賀県で上水道が本格的に普及しはじめたのは、大津市の市街地を除けば、昭和何年代か。

① 10年代　　② 20年代　　③ 30年代　　④ 40年代

| 前ページの解答 |

28　①
　　『続・びわ湖検定公式問題解説集』 ☞ P.107
29　①
　　『びわ湖検定公式問題解説集』 ☞ P.100
30　④
　　『びわ湖検定公式問題解説集』 ☞ P.109

34 次の文の答えとして最も適当なものを①〜④の中から選べ。
滋賀県の森林面積は県土のおよそ何分の1を占めているか。
①2分の1　　②3分の1　　③4分の1　　④5分の1

35 次の文の答えとして最も適当なものを①〜④の中から選べ。
2006(平成18)年1月26日に我が国第1号の重要文化的景観に選定されたのは次のうちどれか。
①近江八幡の水郷　　②日吉三橋
③瀬田の夕照　　　　④矢橋の帰帆島

36 次の文の答えとして最も適当なものを①〜④の中から選べ。
「急がば回れ」のことわざは、室町時代、滋賀県のどこを詠んだ歌から生まれたと言われているか。
①瀬田の唐橋　　②三井の晩鐘
③堅田の浮御堂　　④矢橋の帰帆

3級

| 前ページの解答 |

31　②
　　『びわ湖検定公式問題解説集』☞ P.108
32　③
　　『びわ湖検定公式問題解説集』☞ P.98
33　③
　　『びわ湖検定公式問題解説集』☞ P.94

37 次の文の答えとして最も適当なものを①〜④の中から選べ。
織田信長が安土に城を築いた理由として、誤っているのは次のうちどれか。
①びわ湖が近く、水運の要所があった。
②幹線道路の東山道が近く、陸運の要所があった。
③平安楽土に通じる地名だった。
④京都の東の玄関口である近江を押さえたかった。

38 次の文の答えとして最も適当なものを①〜④の中から選べ。
日本で初めて水時計（漏刻）により時を刻んだとされる日にちなんで、毎年、時の記念日の6月10日に、漏刻祭が営まれるのはどこか。
①建部大社　　②天孫神社　　③近江神宮　　④日吉大社

39 次の文の答えとして最も適当なものを①〜④の中から選べ。
井伊直弼が17歳から32歳までの15年間過ごした場所で、自身を詠んだ句にちなんで屋号がつけられたとされる建造物は、次のうちどれか。
①埋木舎　　②玄宮園　　③龍潭寺　　④清涼寺

前ページの解答

34　①
　『びわ湖検定公式問題解説集』☞ P.104
35　①
　『びわ湖検定公式問題解説集』☞ P.38
36　①
　東海道を京都へ向かう際の近道として、矢橋の港から船で大津へ渡るルートがありましたが、沈没などの危険をともなったため、室町時代の連歌師宗長が詠んだ「武士のやばせの船は早くとも急がば廻れ瀬田の長橋」という歌から、このことわざが生まれたとされます。

40 次の文の答えとして最も適当なものを①〜④の中から選べ。
大津祭で曳山が取り入れられるようになったきっかけである鍛冶屋町の塩売治兵衛がかぶって踊っていたお面は次のうちどれか。
①たぬき　　②おに　　③てんぐ　　④きつね

41 次の文の答えとして最も適当なものを①〜④の中から選べ。
大津港を中心に行われ、湖上安全を祈念する恒例行事である「びわ湖開き」は、びわ湖に何の幕開けを告げる行事か。
①祭　　②新年　　③春　　④夏

42 次の文の答えとして最も適当なものを①〜④の中から選べ。
浅井長政の二女お初を妻にした武将は次のうち誰か。
①甲良宗広　　②京極高次　　③磯野員昌　　④多羅尾光俊

43 次の文の答えとして最も適当なものを①〜④の中から選べ。
平安時代中期、乱を起こした平将門を討伐した功績により下野守になった武将で、俵藤太とも呼ばれ、三上山のムカデ退治伝説が伝わっているのは次のうち誰か。
①藤原秀郷　　②佐々木秀義　　③平貞盛　　④小野好古

前ページの解答

37　③
　　『びわ湖検定公式問題解説集』 ☞ P.62

38　③
　　近江神宮の祭神である天智天皇が、671年、漏刻を用いて時を知らせたとされます。

39　①
　　『びわ湖検定公式問題解説集』 ☞ P.76

44 次の文の答えとして最も適当なものを①〜④の中から選べ。

少年期を人質として織田信長のもとで暮らし、才能を認められその娘をめとった近江の武将は、次のうち誰か。

① 藤堂高虎　　② 蒲生氏郷　　③ 脇坂安治　　④ 大谷吉継

45 次の文の答えとして最も適当なものを①〜④の中から選べ。

明治28年に大津市丸屋町に生まれ、上村松園についで文化勲章を受章した女性画家は次のうち誰か。

① 小倉遊亀　　② 森寛子　　③ 堀文子　　④ 池田蕉園

46 次の文の答えとして最も適当なものを①〜④の中から選べ。

万葉集で「淡海の海　夕波千鳥　汝が鳴けば　情もしのに　古思ほゆ」という近江大津宮の荒れ果てた宮跡の情景を歌いあげた歌人は次のうち誰か。

① 柿本人麻呂　　② 在原業平
③ 大友黒主　　④ 喜多川歌麿

前ページの解答

40　①
　　『びわ湖検定公式問題解説集』☞ P.59
41　③
　　『びわ湖検定公式問題解説集』☞ P.78
42　②
　　『続・びわ湖検定公式問題解説集』☞ P.40
43　①
　　『続・びわ湖検定公式問題解説集』☞ P.49

47 次の文の答えとして最も適当なものを①〜④の中から選べ。
近江を舞台にした戦国時代の賤ヶ岳合戦は、その後の政権に大きな影響を及ぼしたが、その合戦とは、誰と誰との戦いであったか。
①織田信長と羽柴秀吉　　②柴田勝家と石田三成
③柴田勝家と羽柴秀吉　　④羽柴秀吉と丹羽長秀

48 次の文の答えとして最も適当なものを①〜④の中から選べ。
日本で初めてレーヨンを輸入して「人造絹糸」と名づけて販売するなど、先駆的事業で成功した近江商人は、次のうち誰か。
①小林吟右衛門　　②外村宇兵衛
③中江準五郎　　　④藤井彦四郎

49 次の文の答えとして最も適当なものを①〜④の中から選べ。
1869（明治2）年にびわ湖に就航し、1889年の東海道線全線開通まで大量輸送の主役を担っていた蒸気船は次のうちどれか。
①びわ湖丸　　②みどり丸　　③なまず丸　　④一番丸

前ページの解答

44　②
　　『続・びわ湖検定公式問題解説集』 ☞ P.39
45　①
　　『続・びわ湖検定公式問題解説集』 ☞ P.67
46　①
　　『びわ湖検定公式問題解説集』 ☞ P.39

50 次の文の答えとして最も適当なものを①〜④の中から選べ。
滋賀県の教育事業「びわ湖フローティングスクール」では、学習内容の一つとして行われる「甲板みがき」で使われるものは次のうちどれか。
①ヨシで作ったたわし　　②ボランティアが作った手作りモップ
③ヤシの実　　　　　　　④ペットボトルをリサイクルして作ったスポンジ

51 次の文の答えとして最も適当なものを①〜④の中から選べ。
「滋賀の食文化財」5点のうち、日野菜漬けの「日野菜」と呼ばれる野菜は、次のうちどれか。
①大根　　②カブ　　③白菜　　④ほうれん草

52 次の文の答えとして最も適当なものを①〜④の中から選べ。
滋賀の特産であるフナずしは、びわ湖で獲れたフナを塩漬けにし、何と一緒に発酵させた料理か。
①麦　　②米　　③味噌　　④酒

53 次の文の答えとして最も適当なものを①〜④の中から選べ。
彦根市鳥居本町にある有川製薬が製造・販売する胃腸薬の名前は次のうちどれか。
①陀羅尼助丸　　②赤玉神教丸　　③正露丸　　④桂鯉丸

前ページの解答	

47　③
　　『びわ湖検定公式問題解説集』 ☞ P.68
48　④
　　『続・びわ湖検定公式問題解説集』 ☞ P.45
49　④
　　『びわ湖検定公式問題解説集』 ☞ P.107

54 次の文の答えとして最も適当なものを①〜④の中から選べ。
日本六古窯の一つで鎌倉時代中期になって産業として成立したといわれ、現在では食器や花器、「たぬきの置物」で有名な焼き物は次のうちどれか。
①湖東焼　②膳所焼　③信楽焼　④布引焼

55 次の文の（　）にあてはまる最も適当なものを①〜④の中から選べ。
びわ湖北湖で、冬季に表層と深層の水が上下に混合して湖底の溶存酸素を回復させる現象は、「びわ湖の（　）」と呼ばれている
①回転　②再生　③深呼吸　④体操

56 次の文の答えとして最も適当なものを①〜④の中から選べ。
徳島県出身の藤田昌世が草津市で成功し、昭和40年代には総漁業生産額の1/3〜1/2を占めた養殖とは次のうちどれか。
①淡水真珠　②ホンモロコ　③ビワマス　④セタシジミ

57 次の文の答えとして最も適当なものを①〜④の中から選べ。
日本の都市公園100選に選ばれたのは湖岸緑地公園と次のうちどれか。
①金亀公園　②長等公園　③豊公園　④皇子が丘公園

3級

前ページの解答

50　③
　　『びわ湖検定公式問題解説集』☞ P.115
51　②
　　『びわ湖検定公式問題解説集』☞ P.79
52　②
　　『びわ湖検定公式問題解説集』☞ P.80
53　②
　　『続・びわ湖検定公式問題解説集』☞ P.90

58 次の文の答えとして最も適当なものを①〜④の中から選べ。
古くからゲンジボタルの発生地として知られ、ホタルの人口羽化に成功した南喜市郎の地元であり、ほたるの森資料館がある市は、次のうちどれか。
① 米原市　　　② 東近江市　　　③ 守山市　　　④ 栗東市

59 次の文の答えとして最も適当なものを①〜④の中から選べ。
江戸時代初期から始まったとされる大津絵の画題は仏画が多く、のち藤娘は良縁に、鬼の念仏は子どもの何に効くといわれている護符に用いられるようになったか。
① うそつき　　　② 夜泣き　　　③ おねしょ　　　④ すききらい

60 次の文の答えとして最も適当なものを①〜④の中から選べ。
2009年より就航の日本初のアルミニウム合金トリマラン型船体に、バイオ燃料が利用できるディーゼルエンジンを搭載しており、シップ・オブ・ザ・イヤー2008を受賞した船は次のうちどれか。
① megumi　　　② ビアンカ　　　③ ミシガン　　　④ わかあゆ

前ページの解答

54　③
　　『びわ湖検定公式問題解説集』☞ P.87
55　③
　　『びわ湖検定公式問題解説集』☞ P.22
56　①
　　『続・びわ湖検定公式問題解説集』☞ P.105
57　①
　　『続・びわ湖検定公式問題解説集』☞ P.81

61 次の文の答えとして最も適当なものを①〜④の中から選べ。
彦根城を借景として望むことのできる大名庭園は次のうちどれか。
①旧秀林寺庭園　②里坊庭園　③玄宮楽々園　④居初氏庭園

62 次の文の答えとして最も適当なものを①〜④の中から選べ。
805年、最澄が唐から種子を持ち帰り植えたとされる（大津市）坂本にある日本最古の園は何園か。
①茶　②薬草　③ハーブ　④バラ

63 次の文の答えとして最も適当なものを①〜④の中から選べ。
滋賀県内で「日本のさくら名所100選」に選ばれている2ヶ所は豊公園とどこか。
①石山寺　②海津大崎　③びわ湖バレイ　④膳所城跡公園

64 次の文の答えとして最も適当なものを①〜④の中から選べ。
梅花藻が見られる地蔵川の源流に湧く名水百選に選ばれているものは次のうちどれか。
①居醒の清水　②泉神社湧水　③山比古湧水　④堂来清水

前ページの解答

58　③
　　『続・びわ湖検定公式問題解説集』☞ P.78
59　②
　　『続・びわ湖検定公式問題解説集』☞ P.92
60　①
　　『続・びわ湖検定公式問題解説集』☞ P.85

65 次の文の答えとして最も適当なものを①～④の中から選べ。
高島市にあり、滋賀県から唯一「日本の滝百選」に選ばれた滝は、次のうちどれか。
　①九品の滝　　　②鶏鳴の滝　　　③八ツ淵の滝　　　④楊梅の滝

66 次の文の答えとして最も適当なものを①～④の中から選べ。
大宮川は、天正年間（1573～92）に豊臣秀吉が寄進し、現存する日本最古の石橋とされる橋（国の重要文化財）は次のうちどれか。
　①坂本三橋　　　②日野三橋　　　③二宮三橋　　　④日吉三橋

67 次の文の答えとして最も適当なものを①～④の中から選べ。
大津市から守山市に向かう琵琶湖大橋の右側車線の一部区間で2009年3月より導入されたメロディーロードで流れる旋律は次のうちどれか。
　①琵琶湖周航の歌　　　②滋賀県民の歌
　③江州音頭　　　　　　④われは海の子

前ページの解答

61　③
　　『びわ湖検定公式問題解説集』 ☞ P.37
62　①
　　『びわ湖検定公式問題解説集』 ☞ P.83
63　②
　　『びわ湖検定公式問題解説集』 ☞ P.65
64　①
　　『続・びわ湖検定公式問題解説集』 ☞ P.76

68 次の文の答えとして最も適当なものを①〜④の中から選べ。

「びわ湖バレイ」と麓を30年以上つないでいたゴンドラは 2008年2月より最新機種ロープウェイに代わったが、何人乗りか。
①121人　　②91人　　③151人　　④81人

69 次の文の答えとして最も適当なものを①〜④の中から選べ。

滋賀県のマスコットキャラクターで誤りがあるのは次のうちどれか。
①野洲市の「ドウタクくん」　　②彦根の「ひこにゃん」
③湖北町の浅井三姉妹の「茶々姫」　　④びわこ競艇場の「ビッシー」

70 次の文の答えとして最も適当なものを①〜④の中から選べ。

江戸時代から戦前まで湖上輸送の主役として盛んに使われた、びわ湖独特の伝統的木造船は次のうちどれか。
①過書船（過所船）　　②龍船　　③安宅船　　④丸子船

3級

前ページの解答

65　③
　　『続・びわ湖検定公式問題解説集』 ☞ P.77
66　④
　　『続・びわ湖検定公式問題解説集』 ☞ P.10
67　①
　　『びわ湖検定公式問題解説集』 ☞ P.42
　　琵琶湖周航の歌はびわ湖と滋賀県を象徴する曲で、県内外で広く愛されている。

71 次の文の（　）にあてはまる最も適当なものを①〜④の中から選べ。

さざなみ街道沿い、道の駅草津では、草津特産のアオバナの粉を入れたあおばな（　　　）を販売。

①ソフトクリーム　　②うどん　　③ドレッシング　　④ジャム

72 次の文の（　）にあてはまる最も適当なものを①〜④の中から選べ。

江戸時代に善光寺参りをした村人が静岡付近で苗木を手に入れて植えたのが始まりと伝わる西浅井町で栽培されているミカンは「（　　　）みかん」である。

①大浦　　②菅浦　　③塩津　　④沓掛

73 次の文の答えとして最も適当なものを①〜④の中から選べ。

農村をイメージして（蒲生郡）日野の丘陵地に作られた滋賀農業公園ブルーメの丘の『ブルーメ』の語源は次のうちどれか。

①フィンランド語で「湖岸」　　②スウェーデン語で「手仕事」
③ドイツ語で「花」　　　　　　④フランス語で「村にて」

前ページの解答

68　①
　　『びわ湖検定公式問題解説集』 ☞ P.69
69　④
　　『続・びわ湖検定公式問題解説集』 ☞ P.83
70　④
　　船の側面に丸太を二つ割りにしたオモギが取りつけられていることが特徴です。

74 次の文の答えとして最も適当なものを①〜④の中から選べ。
全長が日本一長いケーブルカーが設置されている山は次のうちどれか。
①比叡山　　②蓬莱山　　③八幡山　　④伊吹山

75 次の文の答えとして最も適当なものを①〜④の中から選べ。
「夢のかけはし」と称され、とうてい実現できないといわれながら、1962年から異例の速さで工事が進み、1964年9月に完成したのは次のうちどれか。
①八草トンネル　　②近江大橋
③琵琶湖大橋　　　④途中トンネル

76 次の文の答えとして最も適当なものを①〜④の中から選べ。
長浜市の特産として、江戸時代に製造が始まった和服の生地となる高級絹織物は何か。
①浜ちりめん　　②浜かすり　　③浜つむぎ　　④浜りんず

| 前ページの解答 |

71　①
　　『続・びわ湖検定公式問題解説集』　☞　P.89

72　②
　　『続・びわ湖検定公式問題解説集』　☞　P.87

73　③
　　『続・びわ湖検定公式問題解説集』　☞　P.82

77 次の文の答えとして最も適当なものを①～④の中から選べ。

びわ湖の最も狭いところに位置する(大津市)堅田には近江八景「堅田の落雁」で知られる何があるか。

①浮御堂　　②祥端寺　　③琵琶湖大橋　　④おとせ浜

78 次の文の答えとして最も適当なものを①～④の中から選べ。

織田信長にゆかりがあるともいわれる近江八幡の特産品で、全国的に見ても珍しい赤こんにゃく独特の朱色に染めるのに用いられているものは、次のうちどれか。

①食紅　　②酸化鉄　　③梅　　④銅

79 次の文の答えとして最も適当なものを①～④の中から選べ。

現在、茶の生産量、栽培面積ともに県内一を誇る茶はどれか。

①土山　　②朝宮　　③大津　　④政所

| 前ページの解答 |

74　①
　　『びわ湖検定公式問題解説集』☞ P.69
75　③
　　『びわ湖検定公式問題解説集』☞ P.91
76　①
　　『びわ湖検定公式問題解説集』☞ P.85

80 次の文の答えとして最も適当なものを①〜④の中から選べ。

江戸時代中期、5月の節句に鯉のぼりの代わりに凧を揚げたのが始まりとされる大凧は、次のうちどの市のイベントか。

①東近江市　　　②彦根市　　　③米原市　　　④高島市

前ページの解答

77　①
　　『びわ湖検定公式問題解説集』 ☞ P.37

78　②
　　由来としては「派手好みの織田信長がこんにゃくまで赤く染めさせた」、「左義長まつりの山車に飾られる赤紙にヒントを得て近江商人が考案した」等が言われており、酸化鉄（三二酸化鉄）で着色しています。

79　①
　　『びわ湖検定公式問題解説集』 ☞ P.83

前ページの解答

80　①
　　『びわ湖検定公式問題解説集』☞ P.77

２級

問題と解答　１００問

1 次の文の答えとして最も適当なものを①〜④の中から選べ。
琵琶湖国定公園、鈴鹿国定公園や３ヵ所の県立自然公園と合わせると、県総面積の37.3％を占め、割合は47都道府県中何番目か。
（2007年時点）
①１番目　　②３番目　　③19番目　　④47番目

2 次の文の（　）にあてはまる最も適当なものを①〜④の中から選べ。
滋賀県では毎年「（　）記念賞」という、障害者福祉の関係者にとってたいへん名誉な賞の授与を行っている。
①糸賀一雄　　②田村一二　　③池田太郎　　④野崎欣一郎

☞　解答と解説の参照先は、次ページ下にあります。

3 次の文の答えとして最も適当なものを①〜④の中から選べ。
滋賀県にある山について、標高の高い順に並んでいるのは次のうちどれか（左にある山のほうが高い）。
①御池岳＞伊吹山＞金糞岳　　②金糞岳＞御池岳＞伊吹山
③伊吹山＞御池岳＞金糞岳　　④伊吹山＞金糞岳＞御池岳

4 次の文の答えとして最も適当なものを①〜④の中から選べ。
山の名前が和歌の歌枕となり、山頂にある竜王宮では、毎年7月10日に雨乞い踊りが奉納される山は次のうちどれか。
①金勝山　　②田上山　　③八幡山　　④鏡山

5 次の文の答えとして最も適当なものを①〜④の中から選べ。
近江富士ともよばれ、藤原秀郷による大ムカデ退治の伝説の残る山の標高は次のうちどれか。
① 239m　　② 432m　　③ 693m　　④ 1,051m

6 次の文の答えとして最も適当なものを①〜④の中から選べ。
世界の淡水湖の面積でびわ湖は広い方から数えて何番目か。
①89番目　　② 129番目　　③ 188番目　　④ 253番目

7 次の文の答えとして最も適当なものを①〜④の中から選べ。
びわ湖の面積は約何km²か。
① 570 km²　　② 670 km²　　③ 770 km²　　④ 870 km²

前ページの解答

1　①
『びわ湖検定公式問題解説集』☞ P.10
2　①
1946（昭和21）年、大津市に創設された知的障害児等の入所施設「近江学園」初代園長の糸賀一雄は、日本の障害者福祉と知的障害児教育の分野に大きな業績を残した。

8 次の文の答えとして最も適当なものを①～④の中から選べ。
びわ湖の基準水位は海抜何mか。
①約80m ②約85m ③約90m ④約95m

9 次の文の答えとして最も適当なものを①～④の中から選べ。
近年、びわ湖南湖で水草が繁茂しているが、2007年の水草の群落面積は、南湖全体の面積の約何％を占めたか。
①35％ ②50％ ③65％ ④80％

10 次の文の答えとして最も適当なものを①～④の中から選べ。
びわ湖周辺に分布している内湖は、戦前（1940年）には約29km²あったが、現在では約何km²にまで減少したか。
①20km² ②15km² ③8km² ④4km²

11 次の文の答えとして最も適当なものを①～④の中から選べ。
びわ湖の集水域（流域）は滋賀県の面積の約何％か。
①50％ ②75％ ③95％ ④100％

| 前ページの解答 |

3　④
　　『びわ湖検定公式問題解説集』☞ P.17
4　④
　　『続・びわ湖検定公式問題解説集』☞ P.12
5　②
　　近江富士とは、野洲市の三上山のことで、俵藤太のムカデ退治の伝説がある。
6　②
　　『びわ湖検定公式問題解説集』☞ P.16
7　②
　　『びわ湖検定公式問題解説集』☞ P.16

12 次の文の答えとして最も適当なものを①〜④の中から選べ。
びわ湖のプランクトンに関する記述の中で、誤っているものを次の中から選べ。
① ホシガタケイソウは、4個か8個の棒状の細胞がくっついて星形の群体をつくる
② コメツブケイソウは、群体をつくらずに石や水草に付着する
③ ビワクンショウモは、川村多実二氏によって1954（昭和29）年に命名された、びわ湖の固有種である
④ ビワツボカムリは、中央が膨らんだ細長いラッパ形の殻をもつ、アメーバ状生物である

13 次の文の答えとして最も適当なものを①〜④の中から選べ。
びわ湖水系の固有種で絶滅危惧IA類（環境省）に指定されているのは次のうちどれか。
① アブラヒガイ　　　② ギンブナ　　　③ イサザ　　　④ ビワマス

14 次の文の答えとして最も適当なものを①〜④の中から選べ。
水草を食べる珍しい魚で、浅い水深を好むびわ湖の固有種は次のうちどれか。
① イサザ　　　② ビワマス　　　③ ハス　　　④ ワタカ

前ページの解答

8　②
『びわ湖検定公式問題解説集』☞ P.20

9　④
1994（平成6）年9月の大渇水（水位-123cmを記録）が、沈水植物が増加に転じた原因として考えられています。

10　④
『びわ湖検定公式問題解説集』☞ P.7

11　③
滋賀県域の面積が4,017km²であるのに対し、琵琶湖集水域の面積は3,848km²である。

15 次の文の答えとして最も適当なものを①～④の中から選べ。
びわ湖に生息する魚類の中で、年中低い水温が保たれる深層に好んで生息する種でないのは次のうちどれか。
①イサザ　　　②ワタカ　　　③ビワマス　　　④ビワコオオナマズ

16 次の文の答えとして最も適当なものを①～④の中から選べ。
滋賀県内では、鈴鹿山系をとりまく平野部の湧水のある小川などにだけ住み、雄は水草の切れはしなどを固めてかまくらのような巣を作り、雌を誘い入れて産卵させる魚は次のうちどれか。
①カネヒラ　　　②ハス　　　③ギギ　　　④ハリヨ

17 次の文の答えとして最も適当なものを①～④の中から選べ。
滋賀県県営の醒井養鱒場は、ある魚の人工孵化や繁殖・放流を目的として1878（明治11）年に作られた。その魚は次のうちどれか。
①ビワマス　　　②ホンモロコ　　　③ニジマス　　　④アユ

18 次の文の答えとして最も適当なものを①～④の中から選べ。
これまで報告されているびわ湖の在来の水生動植物の種数は、昆虫類が最も多いが、その昆虫類の中でも最も多いのは何の仲間か。
①トンボ　　　②ユスリカ　　　③チョウ　　　④バッタ

前ページの解答

12　③
　　『びわ湖検定公式問題解説集』☞ P.25
13　③
　　『びわ湖検定公式問題解説集』☞ P.28
14　④
　　『びわ湖検定公式問題解説集』☞ P.29

19 次の文の答えとして最も適当なものを①〜④の中から選べ。
古くはびわ湖の「大江」に対して「伊香の小江」と呼ばれたのは、次のうちどれか。
①西の湖　　②八幡堀　　③余呉湖　　④大中の湖

20 次の文の答えとして最も適当なものを①〜④の中から選べ。
伊勢湾に注ぐ滋賀県唯一の川は次のうちどれか。
①藤古川　　②寒風川　　③河合川　　④北川

21 次の文の答えとして最も適当なものを①〜④の中から選べ。
1911年(明治44)年建設された滋賀県初の発電所で、現在も稼働中である関西電力の発電所があるのは何川か。
①大戸川　　②河合川　　③天増川　　④藤古川

22 次の文の答えとして最も適当なものを①〜④の中から選べ。
国の特別天然記念物に指定され、季節には多くのゲンジボタルが舞う発生地がある米原市を流れる川は次のうちどれか。
①三津川　　②天野川　　③地蔵川　　④天増川

前ページの解答

15　②
　　『びわ湖検定公式問題解説集』☞ P.29
16　④
　　『続・びわ湖検定公式問題解説集』☞ P.21
17　①
　　『続・びわ湖検定公式問題解説集』☞ P.105
18　②
　　『びわ湖検定公式問題解説集』☞ P.24

23 次の文の答えとして最も適当なものを①〜④の中から選べ。
警報や注意報をきめ細かく発表するために、6つの区域に分けられているが、区域の名称として使われていないのは次のうちどれか。
①湖東　　②湖西　　③近江南部　　④湖北

24 次の文の答えとして最も適当なものを①〜④の中から選べ。
観測史上、県内での人的被害が最も大きかった台風は次のうちどれか。
①室戸台風　　②伊勢湾台風　　③ジェーン台風　　④台風11号

25 次の文の答えとして最も適当なものを①〜④の中から選べ。
1586年に、長浜城が全壊し、城主山内一豊の娘をはじめ多数の領民が死亡した地震は、次のうちどれか。
①天正地震　　②元亀地震　　③寛文地震　　④姉川地震

26 次の文の答えとして最も適当なものを①〜④の中から選べ。
びわ湖とその周辺の水草に関する記述の中で、誤っているものは次のうちどれか。
①ネジレモは、沈水性の多年草で、琵琶湖固有種、葉全体がねじれている。
②クロモは、沈水性の水草で、夏になると水面上に白い花を咲かせる。
③オオカナダモは、南アメリカ原産で、茎の節ごとに芽や根が出せる為、数cmの茎の断片でも増殖が可能
④タヌキモは、クロモに似た外来種の水草で、小さな虫を捕らえる補虫嚢を持つ

前ページの解答

19　③
　　『びわ湖検定公式問題解説集』☞ P.68
20　①
　　『続・びわ湖検定公式問題解説集』☞ P.8
21　①
　　『続・びわ湖検定公式問題解説集』☞ P.8
22　②
　　『びわ湖検定公式問題解説集』☞ P.72

27 次の文の答えとして最も適当なものを①〜④の中から選べ。
びわ湖の固有種で、現在は全国各地の湖や沼からも発見されている緑藻類の一種であるクンショウモは何クンショウモと呼ぶか。
①コメ　　　②ホシ　　　③シガ　　　④ビワ

28 次の文の答えとして最も適当なものを①〜④の中から選べ。
全国で伊吹山山頂にだけ分布し、7〜8月、花穂に青紫色の花が密につく多年草は、次のうちどれか。
①キンバイソウ　　　②イブキフウロ
③ルリトラノオ　　　④イブキカモジグサ

29 次の文の答えとして最も適当なものを①〜④の中から選べ。
びわ湖に飛来する水鳥のうち、国の天然記念物に指定され、滋賀県のレッドデータブック2005年度版で絶滅危機増大種となっているのは次のうちどれか。
①コハクチョウ　　　②カイツブリ
③オオヒシクイ　　　④オオバン

30 次の文の答えとして最も適当なものを①〜④の中から選べ。
1937（昭和12）年に日本が世界一の生産高を記録した頃、滋賀の工場で国内生産の2分の1を生産していた。木材パルプを原料として発展した工場は次のうちどれか。
①レーヨン　　　②セロハン　　　③製紙　　　④アクリル

前ページの解答

23　②
　　『続・びわ湖検定公式問題解説集』☞ P.13
24　①
　　『続・びわ湖検定公式問題解説集』☞ P.16
25　①
　　『続・びわ湖検定公式問題解説集』☞ P.17
26　④
　　『続・びわ湖検定公式問題解説集』☞ P.19

31 次の文の答えとして最も適当なものを①〜④の中から選べ。
以下の文は、滋賀県の繊維に関する記述である。正しいものを次の中から選べ。
① 湖東地域では、江戸時代中期から縮緬の他に、ビロードの生産が始まっている。
② 湖南地域では、古くは大麻、その後は主に苧麻の繊維を織った麻布が産物となった。
③ 湖西の高島郡（現、高島市）では、江戸時代末期から木綿を用いた「高島縮」が織られ始めた。
④ 湖北地域では大正から昭和初期にかけてレーヨン工業が発展した。

32 次の文の答えとして最も適当なものを①〜④の中から選べ。
琵琶湖総合開発事業により、洪水を防ぐ為の湖岸堤及び管理用道路として建設された琵琶湖東岸を岸沿いに走る湖岸道路の愛称は次のうちどれか。
① レインボーロード　　② さざなみ街道
③ 浜街道　　　　　　④ 八風街道

33 次の文の答えとして最も適当なものを①〜④の中から選べ。
江戸時代、近江を通らなかった街道は次のうちどれか。
① 御代参街道　　② 八風街道　　③ 奥州街道　　④ 若狭街道

| 前ページの解答 |

27　④
　　『びわ湖検定公式問題解説集』☞ P.25
28　③
　　『続・びわ湖検定公式問題解説集』☞ P.18
29　③
　　『びわ湖検定公式問題解説集』☞ P.30
30　①
　　『続・びわ湖検定公式問題解説集』☞ P.91

34 次の文の答えとして最も適当なものを①〜④の中から選べ。
1997年の滋賀県の調べによると、滋賀県の農業用水の水源の割合は、河川が約（ア）、びわ湖が（イ）である。
①ア：30％　イ：50％　　②ア：40％　イ：40％
③ア：50％　イ：30％　　④ア：60％　イ：20％

35 次の文の答えとして最も適当なものを①〜④の中から選べ。
滋賀県の農業に関する記述である。誤っているものを次の中から選べ。
①耕地面積は約 5.4 万haである
②耕地面積のうち、田の面積は約3分の2、畑の面積は約3分の1である
③河川を用水源としている農地面積の割合は、2分の1近くを占める
④びわ湖からの水だけを、用水源としている農地面積の割合は、3分の1近くを占める

36 次の文の答えとして最も適当なものを①〜④の中から選べ。
徳島県出身の藤田昌世が草津市で成功し、昭和40年代にはびわ湖の総漁業生産額の1/3〜1/2を占めた養殖とは次のうちどれか。
①淡水真珠　　②ホンモロコ　　③ビワマス　　④セタシジミ

37 次の文の答えとして最も適当なものを①〜④の中から選べ。
滋賀県と姉妹都市あるいは友好都市の関係にある州・省の名前と、そこにある代表的な湖の組み合わせのうち、誤っているものは次のうちどれか。
①バイエルン州レマン湖　　②リオ・グランデ・ド・スール州パトス湖
③ミシガン州ヒューロン湖　　④湖南省洞庭湖

| 前ページの解答 |

31　③
　　『続・びわ湖検定公式問題解説集』☞ P.91
32　②
　　『びわ湖検定公式問題解説集』☞ P.92
33　③
　　奥州街道は、江戸から東北地方を結ぶ道のため、近江を通っていない。

38 次の文の答えとして最も適当なものを①〜④の中から選べ。
滋賀県の面積は日本の総面積の約何%か。
① 1 %　　② 3 %　　③ 5 %　　④ 10%

39 次の文の答えとして最も適当なものを①〜④の中から選べ。
びわ湖のおいたちは何年前までさかのぼることができるか
① 4000年前　　② 4 万年前
③ 40万年前　　④ 400 万年前

40 次の文の答えとして最も適当なものを①〜④の中から選べ。
びわ湖は、琵琶湖大橋のところで北湖と南湖に分けられるが、北湖は、南湖と比べて面積が約（ ア ）、貯水量が約（ イ ）である。
① ア： 7 倍　　イ： 55 倍　　② ア： 7 倍　　イ： 135 倍
③ ア： 11 倍　　イ： 55 倍　　④ ア： 11 倍　　イ： 135 倍

41 次の文の答えとして最も適当なものを①〜④の中から選べ。
次の魚類のうち、びわ湖の外来種ではないものは次のうちどれか。
① ブルーギル　　　　② カムルチー
③ タイリクバラタナゴ　　④ イタセンパラ

前ページの解答

34　③
　　『びわ湖検定公式問題解説集』 ☞ P.103
35　②
　　『びわ湖検定公式問題解説集』 ☞ P.103
36　①
　　『続・びわ湖検定公式問題解説集』 ☞ P.105
37　①
　　『続・びわ湖検定公式問題解説集』 ☞ P.108
　　バイエルン州は友好提携していない。

42 次の文の答えとして最も適当なものを①~④の中から選べ。
日本に住むドジョウの仲間で、6本のひげがあり縦に扁平な体型で、天然記念物に指定されている魚は次のうちどれか。
①タナゴ　　②ハリヨ　　③ハス　　④アユモドキ

43 次の文の答えとして最も適当なものを①~④の中から選べ。
タデ科の多年草のイブキトラノオの花穂の色は次のうちどれか。
①青紫　　②白(淡桃色)　　③黄　　④紅

44 次の文の答えとして最も適当なものを①~④の中から選べ。
歩きながら尾を上下に振るので、別名「石たたき」とも呼ばれるセキレイ科の鳥のうち、下腹の辺りが黄色く、頭から背が灰色のものは次のうちどれか。
①セグロセキレイ　　②ハイセキレイ
③キセキレイ　　　　④ハクセキレイ

45 次の文の答えとして最も適当なものを①~④の中から選べ。
びわ湖の水位は現在、5地点の水位の平均値で表すことになっているが、5地点とは片山(長浜市高月町)と彦根(彦根市)、大溝(高島市)、三保ヶ崎(大津市)と次のうちどこか。
①近江舞子　　②堅田　　③浜大津　　④粟津

前ページの解答

38　①
　　滋賀県の面積4,017㎢(びわ湖を含む)に対し、日本の面積は約38万㎢である。
39　④
　　『びわ湖検定公式問題解説集』☞ P.14
40　④
　　北湖(面積 617.75 ㎢・貯水量 273 億㎥)
　　南湖(面積　52.50㎢・貯水量　2 億㎥)　『滋賀の環境2011』☞ P.66
41　④
　　『びわ湖検定公式問題解説集』☞ P.33

46 次の文の答えとして最も適当なものを①〜④の中から選べ。
記録に残るびわ湖の過去最大の洪水は、1896年9月の大洪水であり、この時びわ湖の水位は何mを記録したか。
① ＋2.76m　　② ＋2.96m
③ ＋3.76m　　④ ＋3.96m

47 次の文の答えとして最も適当なものを①〜④の中から選べ。
『滋賀県で大切にすべき野生生物　滋賀県レッドデータブック2005年度版』で絶滅危惧種に選定されていないトンボは次のうちどれか。
①ベッコウトンボ　　②オオキトンボ
③ノシメトンボ　　　④ベニイトトンボ

48 次の文の答えとして最も適当なものを①〜④の中から選べ。
びわ湖で行われている定置網漁で、矢印状に網を設置する漁法は次のうちどれか。
①ヤナ漁　　②エリ漁　　③追いさで漁　　④たつべ漁

49 次の文の答えとして最も適当なものを①〜④の中から選べ。
現在、茶の生産量、栽培面積ともに県内一を誇る茶は次のうちどれか。
①土山　　②朝宮　　③大津　　④政所

前ページの解答

42　④
　　『続・びわ湖検定公式問題解説集』☞ P.21
43　②
　　『続・びわ湖検定公式問題解説集』☞ P.18
44　③
　　『続・びわ湖検定公式問題解説集』☞ P.26
45　②
　　『びわ湖検定公式問題解説集』☞ P.20

50 次の文の答えとして最も適当なものを①〜④の中から選べ。
江戸時代中期、5月の節句に鯉のぼりの代わりに凧を揚げたのが始まりとされる大凧は、次のうちどの市のイベントか。
①東近江市　　　②彦根市　　　③米原市　　　④高島市

51 次の文の答えとして最も適当なものを①〜④の中から選べ。
びわ湖の最も狭いところに位置する(大津市)堅田には近江八景「堅田の落雁」で知られる何があるか。
①浮御堂　　　②祥端寺　　　③琵琶湖大橋　　　④おとせ浜

52 次の文の答えとして最も適当なものを①〜④の中から選べ。
織田信長にゆかりがあるともいわれる近江八幡の特産品で、全国的に見ても珍しい赤こんにゃく独特の朱色に染めるのに用いられているものは、次のうちどれか。
①食紅　　　②酸化鉄　　　③梅　　　④銅

53 次の文の答えとして最も適当なものを①〜④の中から選べ。
2008年1月現在、滋賀県内で国指定重要文化財に指定されている数が45件と全国最多の仏像は次のうちどれか。
①薬師如来　　　②釈迦如来　　　③阿弥陀如来　　　④弥勒菩薩

前ページの解答	
46	③
	『びわ湖検定公式問題解説集』 ☞ P.20・95
47	③
	『びわ湖検定公式問題解説集』 ☞ P.34
48	②
	『びわ湖検定公式問題解説集』 ☞ P.105
49	①
	『びわ湖検定公式問題解説集』 ☞ P.83

54 次の文の（　）にあてはまる最も適当なものを①〜④の中から選べ。
浮御堂がある（大津市）堅田には、江戸中期の作庭と伝えられ、対岸の三上山を借景とした天然図画亭という茶室を有する（　　）がある。
①旧秀隣寺庭園　　②居初氏庭園
③延暦寺里坊庭園　④玄宮楽々園

55 次の文の答えとして最も適当なものを①〜④の中から選べ。
日本最古と言われる茶園があり1921（大正10）年に由来碑が建立されたところは次のうちどこか。
①大津市坂本　　　②甲賀市信楽町
③東近江市政所町　④甲賀市土山町

56 次の文の答えとして最も適当なものを①〜④の中から選べ。
近江の地名に関する記述である。誤っているものは次のうちどれか。
①大津は、近江大津宮が廃都となると「古津」と呼ばれるようになった
②秀吉は、今浜の地に城を築き、この地の名を「長浜」に変えたと伝わっている
③坂本の地名は、織田信長が中国の古典をもとに名づけたとも言われている
④彦根の地名は、彦根山に活津彦根命（天照大神の子）が祀られていたことに由来する

2級

前ページの解答

50　①
　　『びわ湖検定公式問題解説集』☞ P.77
51　①
　　『びわ湖検定公式問題解説集』☞ P.37
52　②
　　由来としては「派手好みの織田信長がこんにゃくまで赤く染めさせた」、「左義長まつりの山車に飾られる赤紙にヒントを得て近江商人が考案した」等が言われており、酸化鉄（三二酸化鉄）で着色しています。
53　①
　　『びわ湖検定公式問題解説集』☞ P.48

57 次の文の答えとして最も適当なものを①～④の中から選べ。
真田広之主演の映画「たそがれ清兵衛」の撮影が行われた彦根市内のロケ地は次のうちどこか。
①埋木舎　　②太鼓門櫓　　③彦根城天守閣　　④玄宮楽々園

58 次の文の答えとして最も適当なものを①～④の中から選べ。
豊臣秀次によって城下町として建設され、後に商人の在郷町として発展し、重要伝統的建造物群保存地区となっているのは次のうちどこか。
①近江八幡市八幡　　　　②大津市坂本
③東近江市五個荘金堂　　④彦根市本町

59 次の文の答えとして最も適当なものを①～④の中から選べ。
周辺の水辺景観が県内2番目の重要文化的景観に選定され、現存する日本最古の石橋で国の重要文化財とされる『日吉三橋』は走井橋、二宮橋と次のうちどれか。
①大宮橋　　②小宮橋　　③中宮橋　　④下宮橋

60 次の文の（　）にあてはまる最も適当なものを①～④の中から選べ。
多賀町河内にある「河内の風穴」は、総延長3,323mで、関西最大の規模を誇る（　）である。
①石灰洞　　②花崗岩洞　　③砂岩洞　　④流紋岩洞

前ページの解答	
54	②
	『びわ湖検定公式問題解説集』☞ P.37
55	①
	『びわ湖検定公式問題解説集』☞ P.83
56	③
	『びわ湖検定公式問題解説集』☞ P.62

61 次の文の答えとして最も適当なものを①～④の中から選べ。
2006（平成18）年1月26日に我が国第1号の重要文化的景観に選定されたのは次のうちどれか。
①近江八幡の水郷　　②日吉三橋
③瀬田の夕照　　　　④矢橋の帰帆島

62 次の文の答えとして最も適当なものを①～④の中から選べ。
フナずしで代表される魚を塩漬けにし米とともに発酵させたなれずしに使わない魚は次のうちどれか。
①ゴリ　　②ハス　　③鮎　　④ウグイ

63 次の文の答えとして最も適当なものを①～④の中から選べ。
滋賀県が選定した「滋賀の食文化財」5点にふくまれないものは次のうちどれか。
①近江牛のしぐれ煮　　②丁稚羊羹
③日野菜漬け　　　　　④湖魚のなれずし

64 次の文の答えとして最も適当なものを①～④の中から選べ。
滋賀の特産野菜・果物の組み合わせで誤っているのは次のうちどれか。
①湖南市・下田なす　　　②安土町・豊浦ねぎ
③西浅井町・菅浦みかん　④米原市・西村早生

前ページの解答

57　②
　　『びわ湖検定公式問題解説集』☞　P.76
58　①
　　『続・びわ湖検定公式問題解説集』☞　P.58
59　①
　　『続・びわ湖検定公式問題解説集』☞　P.10
60　①
　　『びわ湖検定公式問題解説集』☞　P.109

65 次の文の答えとして最も適当なものを①～④の中から選べ。
滋賀の伝統野菜に含まれないものは次のうちどれか。
①下田なす　　②万木かぶ　　③豊浦ねぎ　　④壬生菜

66 次の文の答えとして最も適当なものを①～④の中から選べ。
日本六古窯のひとつ、狸の置物で有名な信楽焼はいつごろから生産が始まったか。
①平安時代　　②鎌倉時代　　③室町時代　　④安土桃山時代

67 次の文の答えとして最も適当なものを①～④の中から選べ。
七職と呼ばれる七つの分業制をとっている彦根仏壇の製作工程の一つで、厳選された木材で仏壇の本体を作る工程の名称は、次のうちどれか。
①彫刻　　②木地　　③蒔絵　　④宮殿

68 次の文の答えとして最も適当なものを①～④の中から選べ。
箱館山周辺の水田を干ばつから守る為に1925（昭和14）年に完成した人工湖は次のうちどれか。
①淡海湖　　②松原内湖　　③西の湖　　④余呉湖

前ページの解答

61　①
　　『びわ湖検定公式問題解説集』☞ P.38
62　①
　　『びわ湖検定公式問題解説集』☞ P.79
63　①
　　『びわ湖検定公式問題解説集』☞ P.79
64　④
　　『続・びわ湖検定公式問題解説集』☞ P.87

69 次の文の答えとして最も適当なものを①～④の中から選べ。
日本で初めての本格的なプレストレストコンクリート橋（ＰＣ橋）は次のうちどれか。
①近江鉄道愛知川橋梁　　②信楽高原鐵道第一大戸川橋梁
③国道8号線野洲大橋　　④琵琶湖大橋

70 次の文の答えとして最も適当なものを①～④の中から選べ。
琵琶湖第一疏水に関する記述で正しいものを次の中から選べ。
①籠手田安定は、湖水の減少を理由に疏水の建設に反対した当時の滋賀県知事である
②琵琶湖疏水の建設を指揮した技術者は沖野忠雄である
③琵琶湖疏水にあるトンネルのうち一番長いのは南禅寺トンネルである
④琵琶湖疏水は1885（明治18）年から工事が始まり、約10年の歳月をかけて完成した

71 次の文の答えとして最も適当なものを①～④の中から選べ。
琵琶湖総合開発事業は、1972年に制定された特別措置法に基づき開始され、最終的には何年度まで実施されたか。
①1982年度　　②1992年度
③1996年度　　④2001年度

前ページの解答

65　④
『続・びわ湖検定公式問題解説集』 ☞ P.87
万木かぶは高島市安曇川町の赤かぶで、壬生菜は京野菜。
66　②
『びわ湖検定公式問題解説集』 ☞ P.87
67　②
『びわ湖検定公式問題解説集』 ☞ P.86
68　①
『続・びわ湖検定公式問題解説集』 ☞ P.101

72 次の文の答えとして最も適当なものを①〜④の中から選べ。
田上山系からの土砂の流出を防ぐため、オランダ人技師デ・レーケの指導により築かれたオランダ堰堤は、何川上流に築かれたか。
①愛知川　　②日野川　　③野洲川　　④草津川

73 次の文の答えとして最も適当なものを①〜④の中から選べ。
千利休の茶釜を作った鋳物師が出た栗東市辻の井口天神社にある鳥居は次のうち何でできているか。
①鉄　　②金　　③銀　　④銅

74 次の文の答えとして最も適当なものを①〜④の中から選べ。
国宝の苗村神社西本殿、園城寺新羅善神堂に代表される神社本殿の屋根形式で、滋賀県内で非常によく見かけられる形式は次のうちどれか。
①流造　　②大社造　　③住吉造　　④春日造

75 次の文の答えとして最も適当なものを①〜④の中から選べ。
ウィリアム・メレル・ヴォーリズに関連のある建築は次のうちどれか。
①白雲館　　②醒井宿資料館　　③滋賀県庁　　④酒遊館

前ページの解答

69　②
　　『続・びわ湖検定公式問題解説集』 ☞ P.73
70　①
　　『びわ湖検定公式問題解説集』 ☞ P.101
71　③
　　『びわ湖検定公式問題解説集』 ☞ P.102

76 次の文の答えとして最も適当なものを①〜④の中から選べ。
滋賀県の縁起物に関する記述の中で、誤っているものを次の中から選べ。
①招き猫は東京世田谷にある豪徳寺で、江戸時代に井伊直孝の鷹狩り一行が休憩したと言う伝承に由来する
②福助は中山道柏原宿のもぐさ屋「亀屋佐京」の番頭がモデルという説がある
③近江七福神は、琵琶湖東部にある大黒天　金剛輪寺（愛荘町）等　7社寺を巡る七福神めぐりが知られる
④信楽狸の雄タヌキの焼物は、頭に笠、手にはそろばんと通帳を持っていることが多い

77 次の文の答えとして最も適当なものを①〜④の中から選べ。
県選択無形民俗文化財に指定されている人形浄瑠璃の冨田人形が伝承されている市は次のうちどこか。
①大津　　②近江八幡　　③長浜　　④米原

78 次の文の答えとして最も適当なものを①〜④の中から選べ。
滋賀県の指定する「伝統工芸品」は、合計43が選定されているが、このうち経済産業大臣が指定する国の「伝統的工芸品」に選ばれているのは「信楽焼」「彦根仏壇」と次のうちどれか。
①近江上布　　②組紐　　③扇骨　　④硯

前ページの解答

72　④
　　『びわ湖検定公式問題解説集』☞ P.96
73　④
　　『続・びわ湖検定公式問題解説集』☞ P.95
74　①
　　『びわ湖検定公式問題解説集』☞ P.55
75　②
　　『続・びわ湖検定公式問題解説集』☞ P.72

79 次の文の答えとして最も適当なものを①〜④の中から選べ。
現在の長浜市出身である小堀遠州についての記述で誤っているものを次の中から選べ。
① 水口城、名古屋城天守閣の建築や、二条城二の丸庭園の作庭に関わったとされている
② 千利休、古田織部とともに三大茶人といわれ、膳所焼を指導したと伝わっている
③ 関ヶ原の戦いの後、近江国奉行や伏見奉行など幕府の要職を歴任した
④ 狩野永徳に師事し、「大覚寺宸殿障壁画」など多くの作品を残している

80 次の文の答えとして最も適当なものを①〜④の中から選べ。
1984年に滋賀県の提唱で始まった、湖沼の環境問題の解決について話し合う国際会議の現在の名称は次のうちどれか。
① 世界水フォーラム　　② 世界湖沼サミット
③ 世界陸水会議　　　　④ 世界湖沼会議

81 次の文の答えとして最も適当なものを①〜④の中から選べ。
大津京は壬申の乱によって、何年間で廃都となったか。
① 5年間　　② 8年間　　③ 12年間　　④ 22年間

82 次の文の答えとして最も適当なものを①〜④の中から選べ。
万葉集で「淡海の海　夕波千鳥　汝が鳴けば　情もしのに　古思ほゆ」という近江大津宮の荒れ果てた宮跡の情景を歌いあげた歌人は次のうち誰か。
① 柿本人麻呂　　② 大友黒主　　③ 大伴家持　　④ 高市黒人

前ページの解答

76　④
　　『続・びわ湖検定公式問題解説集』 ☞ P.96
77　③
　　『びわ湖検定公式問題解説集』 ☞ P.61
78　①
　　『びわ湖検定公式問題解説集』 ☞ P.11

83 次の文の答えとして最も適当なものを①～④の中から選べ。
1869年、琵琶湖に初めて進水した蒸気船『一番丸』が当時就航していた区間で正しいものは次のうちどれか。
①大津－海津　　②大津－長浜　　③大津－堅田　　④大津－沖島

84 次の文の答えとして最も適当なものを①～④の中から選べ。
日本の都市公園100選に選ばれたのは湖岸緑地公園と次のうちどれか。
①金亀公園　　②長等公園　　③豊公園　　④皇子ケ丘公園

85 次の文の答えとして最も適当なものを①～④の中から選べ。
「あかねさす紫野行き標野行き　野守は見ずや君が袖振る」の歌に関係のないものは次のうちどれか。
①老蘇森　　②蒲生野　　③大海人皇子　　④万葉集

86 次の文の答えとして最も適当なものを①～④の中から選べ。
東近江市五個荘金堂町で一般に公開されている近江商人屋敷でないものは次のうちどれか。
①外村宇兵衛邸　　②中江準五郎邸
③小林彦四郎邸　　④外村繁邸

| 前ページの解答 |

79　④
　　『続・びわ湖検定公式問題解説集』☞ P.44・94
80　④
　　『びわ湖検定公式問題解説集』☞ P.110
81　①
　　『続・びわ湖検定公式問題解説集』☞ P.32
82　①
　　『びわ湖検定公式問題解説集』☞ P.39

87 次の文の答えとして最も適当なものを①〜④の中から選べ。
総社神社（甲賀市）は、御所車を引く牛のエサ用の麦が古くから栽培され、日本の何の発祥の地といわれているか。
①麦茶　　②パン　　③ビール　　④うどん

88 次の文の答えとして最も適当なものを①〜④の中から選べ。
近江の御代参街道は、伊勢と多賀社を結んだ街道によって名づけられているが、次のうちどの道とどの道を結んでいるか。
①中山道と北国街道　　②東海道と八風街道
③北国街道と東海道　　④東海道と中山道

89 次の文の答えとして最も適当なものを①〜④の中から選べ。
1598（慶長3）年、豊臣秀吉の伏見城にあった旧殿が寄進され、『桃山御殿』とも呼ばれる客殿を持つ寺は次のうちどれか。
①西教寺　　②園城寺　　③延暦寺　　④百済寺

90 次の文の答えとして最も適当なものを①〜④の中から選べ。
寺院とそれぞれ花が咲く植物の名前を冠した別名の組み合わせで正しいのは次のうちどれか。
①正法寺　牡丹の寺　　②総持寺　芙蓉の寺
③神照寺　萩の寺　　　④舎那院　藤の寺

前ページの解答

83　①
　　『続・びわ湖検定公式問題解説集』☞ P.85
84　①
　　『続・びわ湖検定公式問題解説集』☞ P.81
85　①
　　『続・びわ湖検定公式問題解説集』☞ P.59
86　③
　　『続・びわ湖検定公式問題解説集』☞ P.45

91 次の文の答えとして最も適当なものを①〜④の中から選べ。
近江出身の武将で無いものは次のうち誰か。
①藤堂高虎　　②阿閉貞征　　③渡辺了　　④前田玄以

92 次の文の答えとして最も適当なものを①〜④の中から選べ。
蒲生氏郷について述べているもので誤っているものは次のうちどれか。
①織田信長の娘婿で、嫡男の正室は徳川家康の娘
②秀吉の信任を得て松坂城主、会津若松城主を経る
③茶人であり、利休七哲の一人
④関ケ原の戦いで、上杉景勝に備えて関東に残った

93 次の文の答えとして最も適当なものを①〜④の中から選べ。
東海道の宿場町の一つ、草津には全国最大規模の宿本陣が今も当時のまま残されているが、その大福帳に名前が記されていないのは次のうち誰か。
①吉良上野介　　②浅野内匠頭　　③皇女和宮　　④近藤勇

94 次の文の答えとして最も適当なものを①〜④の中から選べ。
東近江市のエコプラザ『菜の花館』ではバイオディーゼル燃料精製プラント、油を搾るプラント以外にもう一つ、何をするプラントがあるか。
①籾殻を燃やして炭化　　②外来魚を肥料に
③プラスチックをリサイクル　　④ガラスから燃料ペレットをリサイクル

前ページの解答

87　③
　　『続・びわ湖検定公式問題解説集』☞ P.51
88　④
　　東海道の土山宿から中山道の小幡に抜けている。
89　①
　　『続・びわ湖検定公式問題解説集』☞ P.53
90　③
　　『続・びわ湖検定公式問題解説集』☞ P.79

95 次の文の答えとして最も適当なものを①～④の中から選べ。
江戸時代、彦根藩で「養老の秘薬」として珍重され、幕府に献上していたが、13代藩主直弼の時に献上を中止されたものは次のうちどれか。
①牛肉のしぐれ煮　　②牛肉の煮込み
③牛肉の味噌漬け　　④牛肉のたたき

96 次の文の答えとして最も適当なものを①～④の中から選べ。
多賀大社の社頭で売られている名物「糸切餅」は、刃物の代わりに何で切るか。
①凧糸　　②三味線糸　　③釣り糸　　④麻糸

97 次の文の答えとして最も適当なものを①～④の中から選べ。
茶人小堀遠州の指導を受けたとも伝わる、鉄釉による光沢のある黒褐色の釉薬が特徴の焼物は次のうちどれか。
①膳所焼　　②下田焼　　③八田焼　　④湖東焼

98 次の文の答えとして最も適当なものを①～④の中から選べ。
大津市で創作活動を行った日本画家、三橋節子の作品でないものは次のうちどれか。
①雷が落ちない村　　②家路　　③三井の晩鐘　　④花折峠

前ページの解答

91　④
阿閉貞征は、浅井長政の家臣で、小谷城の支城・山本山城主となるが、織田方に寝返った。渡邊了は、槍の勘兵衛と称された槍の名手で今治城に勘兵衛石が残っている。前田玄以は、比叡山の僧であったが、出身は美濃。

92　④
『続・びわ湖検定公式問題解説集』☞ P.39

93　④
『びわ湖検定公式問題解説集』☞ P.89

94　①
『続・びわ湖検定公式問題解説集』☞ P.107

99 次の文の答えとして最も適当なものを①〜④の中から選べ。

「三方よし」という近江商人の経営理念は、現在で言うCSR（企業の社会的責任）に通じる考えであると注目されているが、この理念を体言化した近江商人の社会貢献事業でないのは次のうちどれか。
①瀬田唐橋の架け替え工事　　②豊郷小学校校舎の建築工事
③逢坂山の道路工事　　　　　④琵琶湖疏水の建設工事

100 次の文の（　）にあてはまる最も適当なものを①〜④の中から選べ。
近江大津宮は、（　）によって、わずか5年で廃都となった。
①白村江の戦い　　②壬申の乱　　③近江の乱　　④恵美押勝の乱

前ページの解答

95　③
　　『びわ湖検定公式問題解説集』 ☞ P.82
96　②
　　『続・びわ湖検定公式問題解説集』 ☞ P.88
97　①
　　『続・びわ湖検定公式問題解説集』 ☞ P.94
98　②
　　『続・びわ湖検定公式問題解説集』 ☞ P.48

前ページの解答

99 ④
琵琶湖疏水は京都府によって着工された。日野商人の中井正治右衛門は瀬田唐橋の再建費を寄付、同じく日野商人の中井源左衛門は逢坂山の東海道上に車石を設置する工費の一部を寄付した。

100 ②
『続・びわ湖検定公式問題解説集』☞ P.32

1級

問題と解答　50問

1　以下の文の（ア）と（イ）に適当な語句または数値を入れよ。
　滋賀県では7月1日を（　ア　）と定めているが、これは石けん運動を受けて制定された「滋賀県琵琶湖の富栄養化の防止に関する条例（びわ湖条例）」の施行1周年を記念して定められたもので、今年（2011年）は定められてから（　イ　）周年にあたる。

2　以下の文の（ア）と（イ）に適当な語句または数値を入れよ。
　平成21年12月に策定された第三次滋賀県環境総合計画は長期的目標として「（　ア　）の実現」と「びわ湖環境の再生」の二つを掲げており、前者では2030年における県内の温室効果ガス排出量を（　イ　）％削減（1990年対比）することを目指している。

☞　解答と解説の参照先は、次ページ下にあります。

3 次の問いに答えよ。

次の図は滋賀県における平成20年度の温室効果ガス（年間総排出量は約1,235万トン）の部門別排出割合を示したものである。県内では「産業部門」「家庭部門」「運輸部門」の3部門が全排出量の86%を占めているが、図の（ア）〜（ウ）が3部門のうちそれぞれどの部門にあたるか答えなさい。

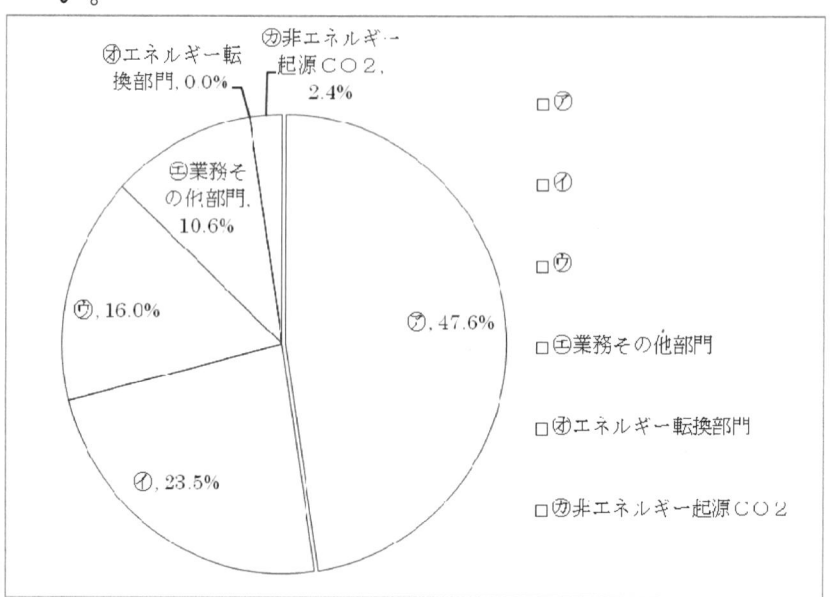

円グラフ：
- (ア) 47.6%
- (イ) 23.5%
- (ウ) 16.0%
- (エ) 業務その他部門 10.6%
- (オ) エネルギー転換部門 0.0%
- (カ) 非エネルギー起源 CO_2 2.4%

4 以下の文の（ア）〜（ウ）に適当なびわ湖の固有種の名前を入れよ。

わが国で唯一の古代湖であるびわ湖には数多くの固有種が生息している。魚類では夜行性で体長1メートル以上にもなる（　ア　）や鮒寿司の材料として知られている（　イ　）が、貝類では大昔から食され、かつてはびわ湖漁業全体の漁獲量の50%以上を占めていた（　ウ　）や淡水真珠の母貝として知られるイケチョウガイなどが固有種である。

| 前ページの解答 |

1　（ア）　びわ湖の日　（イ）　30
　　　『滋賀の環境2011』☞　P.2・3
2　（ア）　低炭素社会　（イ）　50
　　　『滋賀の環境2011』☞　P.2・6

5 以下の文の（ア）～（エ）に適当な整数または語句を入れよ。
びわ湖は、日本最大の湖であると同時に、約（　ア　）万年の歴史を持つ世界有数の古代湖である。湖には大小約460本の河川が流れ込み、（　イ　）川と人工の（　ウ　）から湖水が流れ出す。びわ湖の水は滋賀県をはじめ下流の京都府、大阪府、兵庫県の約（　エ　）万人の水道水源に利用されている。

6 以下の文の（　）に適当な同じ語句を入れよ。
環境への負荷ができるだけ少ないものを優先的に購入する取り組みを（　）と呼ぶ。滋賀県では平成11年に「滋賀（　）ネットワーク（滋賀ＧＰＮ）」が設立され、この取り組みを促進するための活動を展開している。

前ページの解答

3　㋐　産業部門　㋑　運輸部門　㋒　家庭部門
『滋賀の環境2011』☞　P.8
滋賀県の温室効果ガス排出量を部門別に見ると、多くの工場が立地し県内総生産に占める第2次産業の割合が41.8％で全国1位と高いことから「産業部門」が最も多く、自動車からの排出が9割以上を占める「運輸部門」がそれに続き、電化製品の普及による家庭でのエネルギー消費量の増加や人口増加などのために「家庭部門」が3番目に多い状況になっています。

4　（ア）ビワコオオナマズ　（イ）ニゴロブナ　（ウ）セタシジミ
『滋賀の環境2011』☞　P.10
『びわ湖検定公式問題解説集』☞　P.7・11
セタシジミは、びわ湖周辺の縄文時代の貝塚からも見つかるなど古代から食されてきた湖国の恵みです。しかし、その漁獲量は昭和32年の6,072トンをピークに、平成19年にはピーク時の約120分の1の52トンにまで減少しています。

7 次の問いに答えよ。
滋賀県は、びわ湖の環境保全を通じて得た経験や知識を世界に発信し共有する取り組みを進めているが、代表的な取り組みとして次の2つがある。それぞれの名称を答えなさい。

（1）滋賀県が提唱して1984年（昭和59年）に第1回が開催され、以後おおむね隔年ごとに開催されている国際会議。会議の特徴は、湖沼のさまざまな環境問題について、研究者・行政・市民等が一堂に集まって議論するところにある。
（2）世界の湖沼環境の健全な管理を進めるために、滋賀県が中心となって1986年（昭和61年）に設立された国際的な非政府機関。国連機関などと協力して世界の湖沼の環境保全に関する情報収集・提供、調査研究、研修事業、環境教育などの活動を行っている。

8 以下の文の（ア）と（イ）に適当な語句を入れよ。
滋賀県内には、（　ア　）および（　イ　）の2つの国定公園と、三上・田上・信楽と朽木・葛川、湖東の3つの県立自然公園がある。

9 次の問いに答えよ。
滋賀県では、カワウ、シカ、サルなどの野生鳥獣による農林水産業への被害が大きな社会問題となっている。特にカワウについては、水産業への影響とともに集団営巣地付近の樹木の被害が問題となっているが、びわ湖周辺のカワウの大規模な営巣地を2か所あげなさい。

前ページの解答

5　（ア）　400
　　（イ）　瀬田
　　（ウ）　琵琶湖疏水（疎水）京都疏水（疎水）も可。疏水も疎水も可
　　（エ）　1400（1450万人も可）
　　『滋賀の環境2011』☞　P.10・66
6　グリーン購入
　　『滋賀の環境2011』☞　P.24

10 次の問いに答えよ。

滋賀県にとって森林は、県の面積の約１／２を占め、多くの役割を果たしており、私たちの暮らしと切り離すことができない貴重な財産であるといわれている。森林が持つ役割で、木材生産以外のものを２つあげなさい。

前ページの解答

7　（１）世界湖沼会議　（２）国際湖沼環境委員会　またはＩＬＥＣ
　　『滋賀の環境2011』☞　P.26
　　（財）国際湖沼環境委員会（ＩＬＥＣ）は、昭和61年（1986年）に、滋賀県が中心となり関係省庁の協力を得て設立された国際的な非政府組織です。草津市烏丸半島に事務局を置き、世界の湖沼環境を保全するための活動を行っています。

8　順不同
　　（ア）　琵琶湖　（イ）　鈴鹿
　　『滋賀の環境2011』☞　P.31
　　自然公園法に基づく自然公園には、環境大臣が指定する国立公園および国定公園と、都道府県知事が指定する県立自然公園の三種類があります。
　　琵琶湖国定公園は昭和25年にわが国初の国定公園として指定されたものです。全区域面積 97,601ha のうち県内の面積は 95,958ha 。この公園は、びわ湖を中心に周辺の野坂山地、比良山地、比叡山地、伊吹山、霊仙山の各地区、そしてびわ湖に隣接した賤ヶ岳・余呉湖地区、彦根城・荒神山地区、高島地区、西の湖・繖山地区、瀬田川・宇治川地区などに分離した形で公園区域が指定されています。
　　鈴鹿国定公園は、滋賀県から三重県に跨がる鈴鹿山岳地帯を中心に昭和43年に指定されました。全区域面積 29,821ha のうち県内の面積は 17,113ha 。この公園は、県内では鈴鹿山脈の脊梁地区を中心に、飛地としての鎌掛地区と犬上ダム地区を加えた形で公園区域が指定されています。

9　竹生島・伊崎半島・（葛籠尾崎も可）
　　『滋賀の環境2011』☞　P.36・37
　　カワウについて、びわ湖周辺では竹生島（長浜市）と伊崎半島（近江八幡市）に大規模な営巣地があります。
　　ただし、最近の調査（平成22年度秋季、平成23年度春季）では、上記に加えて、葛籠尾崎（長浜市）でも集団営巣が確認されおり、沖合の竹生島からカワウが移動して来ているものと考えられています。

11 次の問いに答えよ。

次の図1～5は、滋賀県が国土交通省などと共同で実施してきたびわ湖水質調査の主な水質項目の結果を示したものである。各図がどの水質項目の調査結果であるかを次の中から選びなさい。

＜透明度，生物化学的酸素要求量（ＢＯＤ），化学的酸素要求量（ＣＯＤ），全窒素（Ｔ－Ｎ），全りん（Ｔ－Ｐ）＞

図1

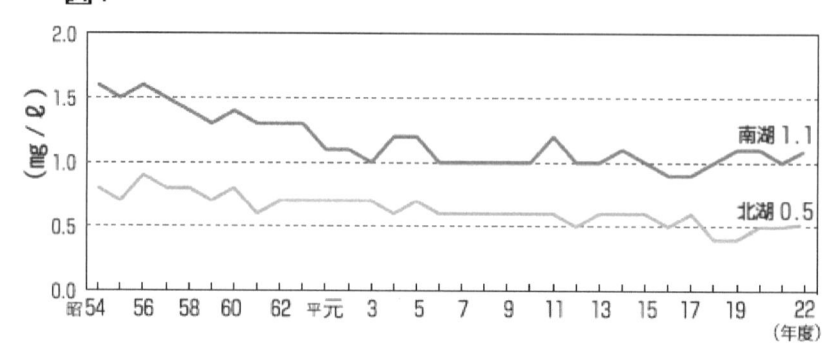

図2

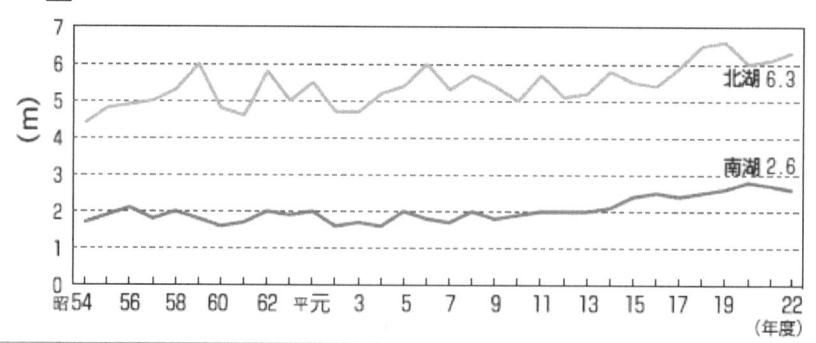

前ページの解答

10　下記からから2つ
・県土の保全
・水源のかん養
・自然環境の保全・形成
・地球温暖化の防止
・レクリエーション
・癒しの場

『滋賀の環境2011』　☞　P.37・38・39

図3

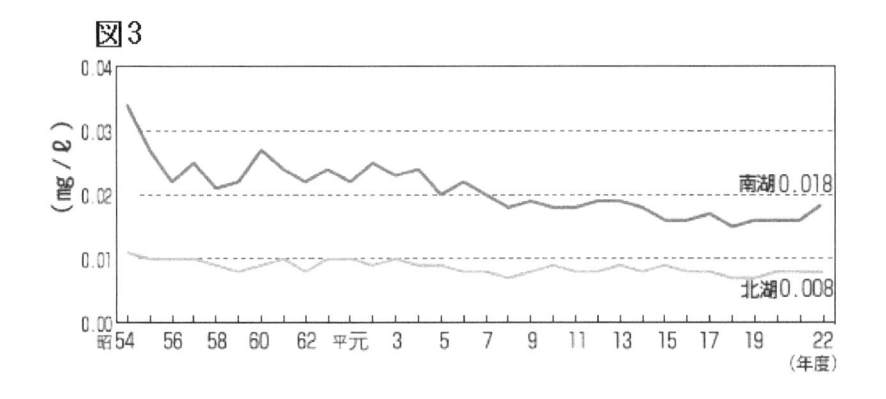

図4

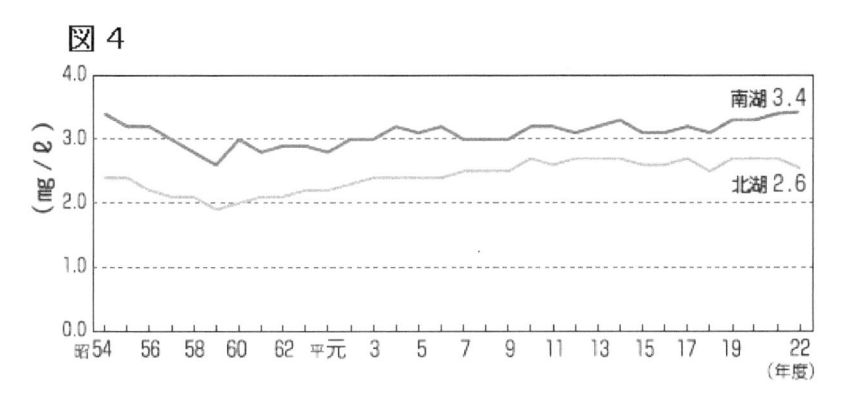

図5

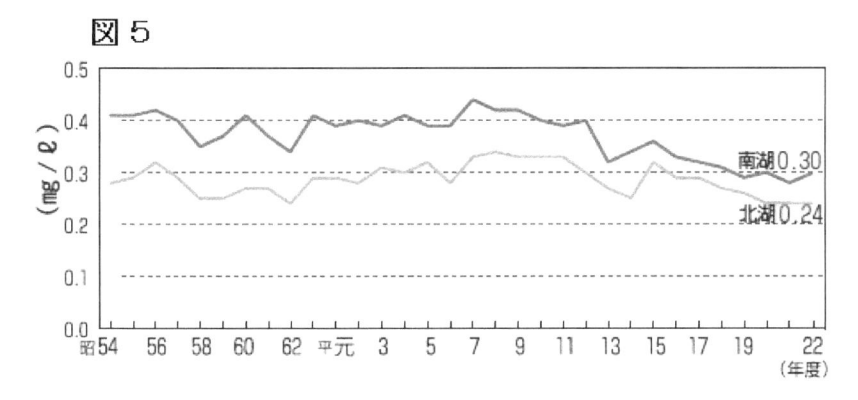

前ページの解答

11　（図1）　BOD　（図2）　透明度　（図3）　T－P
　　（図4）　COD　（図5）　T－N
　　『滋賀の環境 2011』　☞　P.42・43

12 次の問いに答えよ。
　びわ湖の水は、春から秋にかけて表面(表層部)の水が日射により暖められることで、深いところ(深層部)の冷たいままの水と、水温や水質にはっきりとした違いが見られるようになる。この現象を何と呼ぶか。

13 次の問いに答えよ。
　びわ湖・瀬田川に流入する河川のうち24河川については「生活環境の保全に関する環境基準」の類型指定がなされており、特に次の図に示す11河川は最も良い水質を保つべき「ＡＡ類型」に指定されている。図において㋐㋑㋒の記号で示された河川の名称を答えなさい。

14 次の問いに答えよ。

びわ湖や霞ヶ浦の富栄養化の進行を防止するため、滋賀県や茨城県が富栄養化防止条例を制定したことを受けて、国においても湖沼の水質保全対策を計画的、総合的に推進するため、新たな法律が制定された。昭和59年（1984年）に制定されたこの法律の名称（略称可）を答えなさい。

15 次の問いに答えよ。

生活雑排水は、びわ湖の水質汚濁の大きな原因の一つであることから、滋賀県と市町は生活雑排水の処理施設の整備を進めてきた。進められてきた主な生活雑排水処理施設には3つの種類があるが、その3つの名称を答えなさい。

16 次の問いに答えよ。

滋賀県では国が定めたリサイクルに関する5つの法律に基づき循環型社会を形成することを目指している。それら5つの法律の中から3つの名称（略称可）を答えなさい。

前ページの解答

12　水温成層（「成層」でも可）
　　『びわ湖検定公式問題解説集』☞ P.22
13　㋐　姉川　㋑　愛知川　㋒　安曇川
　　『滋賀の環境2011』☞ P.45・46

17 以下の文の（　）に適当な語句を入れよ。

滋賀県では食糧増産のために戦中、戦後を通じて多くの内湖が干拓され、その数や面積が大きく減少した。その中でも最大の内湖干拓事業は、昭和32年から本格的な工事が始まり、昭和43年に竣工した 1,145ha におよぶ（　　　）干拓事業である。

18 以下の文の（ア）～（ウ）に適当な語句を入れよ。

びわ湖とその周辺地域では琵琶湖総合開発事業によって昭和47年から平成8年の間にさまざまな事業が実施されたが、同事業は（　ア　）対策、（　イ　）対策、（　ウ　）対策の3つの柱から構成されていた。

前ページの解答

14　湖沼水質保全特別措置法　（湖沼法でも可）
　　『滋賀の環境2011』☞ P.46
15　（　順不同　）
　　・下水道
　　・農業集落排水処理施設（農村下水道でも可）
　　・合併処理浄化槽（浄化槽、合併浄化槽でも可）
　　『滋賀の環境2011』☞ P.47・48・50
16　下記から3つ
　　・容器包装に係る分別収集及び再商品化の促進等に関する法律（容器包装リサイクル法）
　　・建設工事に係る資材の再資源化等に関する法律（建設リサイクル法）
　　・食品循環資源の再生利用等の促進に関する法律（食品リサイクル法）
　　・特定家庭用機器再商品化法（家電リサイクル法）
　　・使用済自動車の再資源化等に関する法律（自動車リサイクル法）
　　『滋賀の環境2011』☞ P.59

19 次の問いに答えよ。

河川や湖沼、海域の水質については「人の健康の保護に関する環境基準」と「生活環境の保全に関する環境基準」の2種類の環境基準が定められているが、特に後者については対象とする水域の立地条件や将来の利用目的などを考慮した「類型」ごとに異なる基準が設定されている。びわ湖について、指定されている生活環境の保全に関する類型と、その類型の環境基準の達成状況（平成22年度）とを200字以内で説明しなさい。

20 次の問いに答えよ。

びわ湖では近年、魚類の生息環境が著しく劣化し、在来魚の減少が心配されている。このため滋賀県では「魚のゆりかご水田プロジェクト」の取り組みを進めているが、このプロジェクトについて、
1）「ゆりかご」がもつ意味
2）取り組みが必要となった背景
3）目的と具体的な取り組み内容
を含めて200字以内で説明しなさい。

21 次の問いに答えよ。

縄文時代から平安時代にかけての土器が、葛籠尾崎付近のびわ湖の湖底から発見されるきっかけとなった漁船は、なんという魚の漁をしていたか。

前ページの解答

17　大中の湖
　　『びわ湖検定公式問題解説集』☞ P.19
　　滋賀県内では昭和17年に着工された小中の湖干拓事業を皮切りに、昭和46年に津田内湖・早崎内湖干拓事業が終了するまでの間、一部の干拓を含めると16カ所の内湖で干拓事業が行われました。これによって消滅した内湖の面積は、全体の7分の6の約2,500haに上ります。

18　（　順不同　）
　　（ア）　保全　　（イ）　治水　　（ウ）　利水
　　『びわ湖検定公式問題解説集』☞ P.102

22 以下の文の（ア）、（イ）に入る最も適当な語句を答えよ。
別名「志賀寺」とも称された（　ア　）は、大津宮鎮護の寺として建立され、その後、廃寺となったが、三重の塔跡から出土した（　イ　）は国宝に指定されている。

23 次の問いに答えよ。
びわ湖にある岩礁、沖の白石（高島市）と、日本最古の三重石塔である石塔寺の石造三重塔（東近江市）は、ともに古代インドの王が仏教を広めるために仏舎利を納めて各地に建立させた八万四千の仏塔の一つだとする伝説がある。この王の名前は何というか。

前ページの解答

19　解答例
　　次の内容が記述されていること。
　　・生活環境の保全に関する類型として、びわ湖は一般項目は「ＡＡ」類型に、Ｔ－Ｎ（全窒素、窒素でも可）・Ｔ－Ｐ（全りん、りんでも可）に関しては「Ⅱ」類型に指定されている。
　　・平成22年度は、一般項目で環境基準を達成したのは北湖のＤＯ（溶存酸素量でも可）のみで、Ｔ－Ｎ・Ｔ－Ｐでは北湖のＴ－Ｐのみが環境基準を達成していた。
　　『滋賀の環境2011』☞ P.42・43　環境基準の達成状況参照

20　次の内容が記述されていること。
　　・水田は、魚類の産卵や稚魚の成育に適した場所で、湖魚にとっては「ゆりかご」の役割を持っている。
　　・しかし様々な開発により、びわ湖と水田との間に落差が生じ、びわ湖の魚が、産卵等のため周辺の水田に遡上できなくなった。
　　・そこで、このプロジェクトは、湖魚が田んぼと湖を行き来できるようにして、産卵や稚魚が生育できる水田環境を取り戻すことを目的に、排水路に魚が田んぼに上れるための魚道などを作っている。
　　『滋賀の環境2011』☞ P.33

21　イサザ
　　『続・びわ湖検定公式問題解説集』☞ P.28

24 以下の文の（ア）～（ウ）の中に入る最も適当なものを、それぞれの①～④の中から選べ。

天智天皇のもとで近江令の制定などにたずさわった（ ア ）の次男（ イ ）は、藤原氏繁栄の基礎をつくる。（ イ ）の娘と文武天皇の間に生まれた聖武天皇は、離宮として紫香楽宮を造営した。（ イ ）の孫にあたる（ ウ ）は、近江国守を務める一方、淳仁天皇のもとで右大臣となり、「恵美押勝」の名を賜る。（ ウ ）は離宮である保良宮造営などを主導するが、孝謙上皇との政争の末、乱を起こして高島郡勝野で処刑された。

①藤原定家　　　　②藤原不比等
③藤原仲麻呂　　　④藤原（中臣）鎌足

25 以下の文の（ア）～（エ）の中に入る最も適当なものを、それぞれの①～④の中から選べ。

栗東市南部の山の山頂近くにある（ ア ）は、奈良時代に（ イ ）が開基した寺院で、中世には湖南山岳仏教の中心として栄え、大菩提寺とも称された。本堂手前の二月堂に祀られる高さ360cm余りもある（ ウ ）をはじめ、多くの重要文化財を有し、近くの山中には花崗岩に3mを超す阿弥陀如来坐像などを刻んだ（ エ ）磨崖仏もある。

（ア）①善水寺　　　②常楽寺　　　③長寿寺　　　④金勝寺
（イ）①良弁　　　　②鑑真　　　　③円仁　　　　④行基
（ウ）①釈迦如来坐像　　　②毘沙門天立像
　　　③軍荼利明王立像　　④虚空蔵菩薩像
（エ）①福林寺跡　　　②狛坂　　　③多羅尾　　　④富川

前ページの解答

22　（ア）　崇福寺　（イ）　舎利容器
　　『続・びわ湖検定公式問題解説集』☞ P.32
23　阿育王（アショカ王）
　　『びわ湖検定公式問題解説集』☞ P.46・66

26 以下の文の（ア）～（ウ）に適当な語句を入れよ。

国宝にも指定されている（　ア　）は、滋賀県で最も建築年代が古い木造建造物で、その一室が伝説にちなみ「（　イ　）の間」と呼ばれる。礼堂部分は慶長7年に（　ウ　）の寄進による改築を受け、現在の形となった。

27 次の問いに答えよ。

次の（ア）～（エ）の神社のうち、本殿が国宝に指定されていないものはどれか。

（ア）　御上神社　　　（イ）　大笹原神社
（ウ）　苗村神社　　　（エ）　吉御子神社

28 次の問いに答えよ。

西国三十三所観音霊場巡礼の一般的な巡礼順に従い、滋賀県内の番号と寺院の名称を組み合わせよ。

第12番…①
第13番…②
第14番…③
第30番…④
第31番…⑤
第32番…⑥

（ア）長命寺
（イ）園城寺（三井寺）
（ウ）観音正寺
（エ）石山寺
（オ）正法寺（岩間寺）
（カ）宝厳寺

前ページの解答

25　（ア）④　（イ）①　（ウ）③　（エ）②
　　『続・びわ湖検定公式問題解説集』☞ P.56
24　（ア）④　（イ）②　（ウ）③
　　『続・びわ湖検定公式問題解説集』☞ P.33

29 次の問いに答えよ。
室町幕府を二分した観応の擾乱の後、出家して家督を譲り、遍歴の僧寂室元光を招いて永源寺を創建した近江国の守護大名は誰か。

30 次の問いに答えよ。
室町時代の武将、蒲生貞秀が発見し、その漬物を歌人の飛鳥井雅親に贈ったという逸話が残る滋賀県の特産野菜は何というか。

31 次の問いに答えよ。
米原市にある京極氏の菩提寺で、歴代当主の宝篋印塔34基が並ぶ墓所（国指定史跡）のある寺は何というか。

32 次の問いに答えよ。
その景色の美しさから平安時代の画人・巨勢金岡が筆を折ったことが地名の由来とされる地に築かれた六角氏の支城で、室町幕府の第11代将軍足利義澄が身を寄せて、ここで没した城の名前は何か。

33 次の問いに答えよ。
室町幕府13代将軍足利義輝が命名したと伝わる楊梅の滝（大津市北小松）の、「楊梅」とはある果物の漢名である。この果物とは何か。

前ページの解答

26　（ア）石山寺本堂（イ）源氏（ウ）淀殿
　　『びわ湖検定公式問題解説集』☞ P.54
27　エ
　　『びわ湖検定公式問題解説集』☞ P.55
　　『続・びわ湖検定公式問題解説集』☞ P.51・53
28　① オ ② エ ③ イ ④ カ ⑤ ア ⑥ ウ
　　『びわ湖検定公式問題解説集』☞ P.56

34 次の問いに答えよ。
　六角承禎（義賢）が、相手方の浅井氏に通じた家臣高野瀬氏の居城である肥田城を水攻めする際に堰き止めた川は何というか。

35 次の問いに答えよ。
　能や茶道、香道などを好み、現在、彦根城博物館に移築復元されている能舞台を表御殿に設けた彦根藩主は誰か。

36 以下の文の（ア）－（エ）の中に入る最も適当なものを、それぞれの①－④の中から選べ。
　浄土真宗8代法主（　ア　）は、越前へ赴く前に近江でも活発な布教を行ったため、各地に浄土真宗の発展に大きな役割を果たす寺院が生まれた。（　ア　）が滞在した寺としては、堅田の（　イ　）のほか、野洲・栗太郡の真宗教団の中心となった善立寺、別名「（　ウ　）」、その後、浅井氏と組んで織田信長と敵対する真宗門徒の拠点となった湖北の（　エ　）などがある。

（ア）①教如　　②顕如　　③蓮如　　④実如
（イ）①本福寺　②顕正寺　③満月寺　④西教寺
（ウ）①近松御坊　②長沢御坊　③金森御坊　④吉崎御坊
（エ）①浄信寺　②福田寺　③大通寺　④宗安寺

前ページの解答

29　六角氏頼
　　『続・びわ湖検定公式問題解説集』 ☞ P.36
30　日野菜
　　『続・びわ湖検定公式問題解説集』 ☞ P.38
31　徳源院（清瀧寺徳源院）
　　『続・びわ湖検定公式問題解説集』 ☞ P.70
32　水茎岡山城
　　『続・びわ湖検定公式問題解説集』 ☞ P.41
33　ヤマモモ（山桃）
　　『続・びわ湖検定公式問題解説集』 ☞ P.77

37 次の問いに答えよ。
藤堂高虎について、100字以上200字以内で書きなさい。（最初に仕えた人物と最後に仕えた人物の名前、郷里の大工を総棟梁に推薦して完成させた建築物の名称は、必ず入れること。）

38 次の問いに答えよ。
下記の地名の読みを平仮名で書きなさい。
①鎌掛…日野町内の地名。「藤の寺」の異名をもつ正法寺や、国の天然記念物に指定されているシャクナゲの群落がある
②金亀…彦根市内の地名。彦根城の別名でもあり、同城や玄宮園を含む公園の名称にもなっている。
③上鈎…栗東市内の地名。室町幕府9代将軍足利義尚が六角氏討伐のため陣を置いた地として知られる。

39 次の問いに答えよ。
下記の人名の読みを平仮名で書きなさい。
①一柳米来留…滋賀県商業学校の英語教師として来日。日本各地の西洋建築の設計を手がけ、日本人女性と結婚。帰化した後の名前。
②小倉遊亀……大津市出身の日本画家。1980年、女性画家として二人目の文化勲章を受章。
③花登筺………大津市出身の脚本家、小説家。テレビドラマ『細うで繁盛記』『どてらい男』などのヒット作を生む。

前ページの解答

34　宇曽川
　　『続・びわ湖検定公式問題解説集』☞ P.41
35　井伊直中
　　『続・びわ湖検定公式問題解説集』☞ P.43
36　（ア）③　（イ）①　（ウ）③　（エ）②
　　『続・びわ湖検定公式問題解説集』☞ P.54・62

40 以下の文の（ア）、（イ）の中に入る最も適当な語句を答えよ。
全国五大銘茶の一つに数えられる（　ア　）は、唐から茶の種子を持ち帰った（　イ　）が、岩谷山に植えたことが始まりとされる。

41 次の問いに答えよ。
江戸時代中期に膳所藩士が刀の下緒をつくるための道具を考案して生産が盛んになったとされる大津市の伝統工芸は何というか。

42 次の問いに答えよ。
びわ湖の伝統漁法の一つ、追いさで網漁は、あるものを先に取りつけた棒で、コアユの群れを、さで網に追い込むものである。そのあるものとは何か。

前ページの解答

37　（解答例）
　　藤堂高虎は、犬上郡藤堂に生まれ、まず浅井長政に仕えた。その滅亡後、信長の甥の信澄、豊臣秀吉の弟の秀長らに仕えるが彼らが死去したため、剃髪して高野山に入る。それを知った秀吉に呼び戻され、家臣となる。秀吉の死後は徳川家康の信頼を得て、伊勢国津藩の初代藩主となる。膳所城、大坂城、江戸城などの普請を監督した築城家としても知られ、日光東照宮の造営では、郷里出身の大工甲良宗広を総棟梁に推薦した。
　　『続・びわ湖検定公式問題解説集』☞ P.39

38　① かいがけ　② こんき　③ かみまがり
　　『びわ湖検定公式問題解説集』☞ P.73
　　『続・びわ湖検定公式問題解説集』☞ P.79
　　『続・びわ湖検定公式問題解説集』☞ P.81
　　『続・びわ湖検定公式問題解説集』☞ P.37

39　① ひとつやなぎめれる　② おぐらゆき　③ はなとこばこ
　　『続・びわ湖検定公式問題解説集』☞ P.64・67
　　一柳米来留はウィリアム　メレル　ヴォーリズの帰化名。

43 次の問いに答えよ。
彦根市とその周辺の地場産業であるバルブ製造業は、明治時代に製糸工場で繭を煮る装置の部品を造り始めたのが最初とされる。その部品を何というか（もとはオランダ語）。

44 次の問いに答えよ。
明治30年、日本で初めて八幡町（現、近江八幡市）に製造会社が設立された亜麻（洋麻）を糸に用いる織物を、日本語では何というか。

45 次の問いに答えよ。
現在、（ア）～（エ）の資料館となっている建物は、最初は何に利用されていたか。最も適当なものを①～④の中から選べ。

（ア）　近江八幡市立資料館
（イ）　今津ヴォーリズ資料館
（ウ）　伊吹山文化資料館
（エ）　醒井宿資料館

①郵便局
②警察署
③小学校
④銀行

前ページの解答

40　（ア）　朝宮茶　（イ）　最澄
　　『びわ湖検定公式問題解説集』 ☞ P.83
41　組紐（組ひも）
　　『びわ湖検定公式問題解説集』 ☞ P.84
42　カラスの羽根
　　『びわ湖検定公式問題解説集』 ☞ P.105

46 次の問いに答えよ。
（ア）～（エ）の祭礼が行われる神社はどこか。最も適当なものを①～④の中から選べ。

（ア）　ちゃんちゃこ祭り（長浜市）
（イ）　鍋冠まつり（米原市）
（ウ）　すし切り祭り（守山市）
（エ）　七川祭（高島市）

①大荒比古神社
②筑摩神社
③下塩津神社
④下新川神社

47 以下の文の（ア）、（イ）、（ウ）の中に入る最も適当な語句を答えよ。
大津市の唐崎神社境内にある「唐崎の松」は、近江八景の一つ「唐崎の（　ア　）」としても有名で、俳句では松尾芭蕉の「辛崎の松は花より（　イ　）にて」などに詠まれ、絵画では（　ウ　）の代表作「大津唐崎図屏風」などに描かれた。

前ページの解答

43　カラン
　　『続・びわ湖検定公式問題解説集』 ☞ P.95
44　帆布
　　『続・びわ湖検定公式問題解説集』 ☞ P.91
45　（ア）　②　（イ）　④　（ウ）　③　（エ）　①
　　『びわ湖検定公式問題解説集』 ☞ P.75

48 次の問いに答えよ。
（ア）〜（エ）の建築物に関係のある人名として最も適当なものを①〜④の中から選べ。

（ア）　東近江市（五個荘）近江商人屋敷
（イ）　住友活機園
（ウ）　蘆花浅水荘
（エ）　旧豊郷小学校校舎

①山元春挙
②伊庭貞剛
③古川鉄治郎
④藤井彦四郎

49 以下の文の（ア）、（イ）、（ウ）の中に入る最も適当な語句を答えよ。
歴史上、滋賀県を襲った巨大地震としては、（　ア　）城を全壊させた1586年の天正地震、朽木谷と葛川谷で斜面が崩壊し多くの犠牲者を出し、（　イ　）城の天守も傾いた1662年の寛文の琵琶湖西岸地震などがある。明治以降の地震で最も大きな被害を与えたのは、1909年に現在の米原市北部を震源として発生した（　ウ　）地震である。

前ページの解答

46　（ア）③　（イ）②　（ウ）④　（エ）①
　　すし切り祭りは、国選択無形民俗文化財。
　　ちゃんちゃこ祭りの花笠踊りと奴振り、七川祭の奴振りは、ともに県選択無形民俗文化財。
　　鍋冠まつりは、米原市無形民俗文化財であるとともに「日本三奇祭」の一つに数えられる。
47　（ア）　夜雨　（イ）　おぼろ（朧）　（ウ）　岸竹堂
　　『続・びわ湖検定公式問題解説集』　☞　P.67・80

50 次の問いに答えよ。

「近江八幡の水郷」「高島市海津・西浜・知内の水辺景観」に続き、滋賀県で3番目の重要文化的景観に選定（2010年8月）されたのは、「高島市（　　　）・霜降の水辺景観」である。「生水（しょうず）」と呼ばれる湧水を利用した「カバタ（各家庭の洗い場）」などの文化が現在も受け継がれていることで知られる、カッコ内に入る地名は何か。

前ページの解答

48　（ア）④　（イ）②　（ウ）①　（エ）③
『続・びわ湖検定公式問題解説集』☞ P.45・67・71
「国運の進展は国民教育の振興にある」と考える古川鉄治郎は、老朽化した母校の移転新築を提案。

49　（ア）　長浜　（イ）　膳所　（ウ）　姉川（江濃）
『続・びわ湖検定公式問題解説集』☞ P.17

前ページの解答

50　針江
　　『続・びわ湖検定公式問題解説集』☞ P.76

第4回　びわ湖検定　問題と解答

2012年8月1日第1版第1刷　発行

編集・発行・・・・・・・・・・・・・・・・
びわ湖検定実行委員会
〒520-0051 滋賀県大津市梅林1-3-24
オー・エックス大津ビル1階
株式会社JTB西日本　大津支店内
Tel.077-522-9258
http://www.ohmi.or.jp/kentei/

発売・・・・・・・・・・・・・・・・・・
サンライズ出版　株式会社
〒522-0004 滋賀県彦根市鳥居本町655-1
Tel.0749-22-0627

印刷・製本・・・・・・・・・・・・・・・
株式会社　シバタプロセス印刷
〒526-0015 滋賀県長浜市神照町499-1
Tel.0749-63-6860

©びわ湖検定実行委員会　2012
Printed in Japan ISBN978-4-88325-484-2

本書の全部または一部を無断で複写・複製することを禁じます。
落丁・乱丁のときはおとりかえいたします。